苑利 顾军 主编｜中国文化遗产保护北斗丛书

中国乡土教材编写工作指导手册

苑利 毕瑞 著

学苑出版社

图书在版编目（CIP）数据

中国乡土教材编写工作指导手册 / 苑利，毕瑞著 . — 北京：学苑出版社，2022.9

（中国文化遗产保护北斗丛书 / 苑利，顾军主编）

ISBN 978-7-5077-6486-4

Ⅰ.①中… Ⅱ.①苑… ②毕… Ⅲ.①乡土教材—编写—中国—手册 Ⅳ.① G423.3-62

中国版本图书馆 CIP 数据核字（2022）第 159938 号

出 版 人：	洪文雄
责任编辑：	周　鼎
装帧设计：	黄　辉　齐立娟
剪纸创作：	左秀云
出版发行：	学苑出版社
社　　址：	北京市丰台区南方庄 2 号院 1 号楼
邮政编码：	100079
网　　址：	www.book001.com
电子信箱：	xueyuanpress@163.com
联系电话：	010-67601101（营销部）　010-67603091（总编室）
印 刷 厂：	英格拉姆印刷(固安)有限公司
开本尺寸：	787×1092　1/32
印　　张：	5.125
字　　数：	96 千字
版　　次：	2022 年 9 月第 1 版
印　　次：	2023 年 6 月第 2 次印刷
定　　价：	48.00 元

总　序

据说，地球上共有动物150多种，但从起源角度看，无论是有脊椎动物，还是无脊椎动物，它们的起源都远远早于人类。哪怕是一只鳄鱼，一只壁虎，一条蚯蚓。但令人不解的是，为什么在生物进化过程中，后起的人类居然能异军突起，并将那些早于自己的动物，远远地抛在自己的身后？原因很简单，小动物们活着靠的是本能，而人活着除靠本能之外，还在于他们善于学习。不管经历与否，只要他们学到了相关知识，就能利用这些知识去解决面对的问题。当然，一个人的阅历毕竟有限，全靠自己的亲力亲为去获取知识并不现实。这就要求我们在多走多看、增加阅历的同时，多向别人学习，特别是向在5000年中华文明史上，创造过各种文明的祖先们学习，看看祖先们是怎么解决这类问题的。

祖先的经验传递通常会以以下三种方式进行：一种是以典籍的方式将知识与经验传递给我们，一种是以文物的形式将知识与经验传递给我们，最后一种是以口传心授的方式将知识与经验传递给我们,这便是我们通常所说的非物质文化遗产。既然祖先是以上述三种方式,将他们的知识与经验传递给我们的,我们在研究祖先智慧时,就应该打通壁垒,从文献、文物以及非物质文化遗产等多个层面与维度,对祖先遗产进行全方位解读与研究。

在各类遗产中,物质文化遗产似乎是最靠谱的存在。原因是它本身就是历史的一部分,通过它当然可以反观历史,反观祖先在历史上创造的各种文明。但只保护物质文化遗产尚远远不够,因为它很难回答这种文明是怎样创造出来的。与它相比,非物质文化遗产似乎更容易回答这个问题。原因在于,非物质文化遗产尽管不是秦砖汉瓦,但它是秦砖汉瓦的烧制技术;尽管它不是故宫长城,但它是故宫长城的建造技术。从表面看,非物质文化遗产似乎只是活在当下的存在,但实际上它同样是历史的一部分。我们完全可以通过取今证古的方法,用它来解读历史上的各种文明。当然,对于中国这样一个具有3000多年文字使用史的民族来说,只保护好物质文化遗产与非物质文化遗产仍然不够,因为这些文物及文物制作技术背后的许多东西——如作者的设计理念等,通常都是通过文字记录下来的。所以,在对物质文化遗产与非物质文化遗产实施"成对儿"保护的同时,还应注意到对相关文献的保护与研究。正是出于这样一种理念,我们在设计这套丛书时,并没有将目光局限于我们擅长的非物质文化遗产自身，而是在关注非物质文化遗产的同时，也将目光投向了物质文化遗产和文献遗产，并期望通过这种全方位的关照，为祖先遗产的保护，找出更多规律性的东西。

苑　利

2022年9月

前　言

商周时期，人们发明了文字，从此，中华文明得以传承并生长。三千年后，我们捧起一册册书卷，于是，漂泊的灵魂便有了安放的地方。

在书中，我们了解过去，看见现在，又憧憬未来。可以说，我们最初的启蒙，就是从书本开始的。所以，我们背起了书包，走进了学校。因为，我们知道，那里有我们需要的一切。但唯有一点，我们却很难从学过的统编教材中找到，那便是"我的根在哪里"？若想真正搞清这个问题，也许，我们应该试着从乡土教材中寻找答案。

乡土教材来自我们家乡的一草一木、一山一水，可以说，它与我们周围的环境息息相关。它会告诉我们，我生长在哪里，我生长的这方水土有什么特点，有什么优势？这方水土又是如何养育了我们，我们又当如何利用好这个优势，把自己的家乡建设得更好。对于一个孩子来说，思想的启蒙是从脚下的这块土地开始的。让他们了解自己生长的地方，就能让他们做到心中有根；就能让他们在面对家乡时，心生欢喜；就能让他所经历的童年故事成为他人生中用不翻篇儿的话题；就能让每一个孩子，以乡土为傲，无论走到哪里，都有一片属于自己的精神家园，而这个家园，就是我们的故乡。

我们不得不承认，即便是一部再好的统编教材，也无法将一个民族历经几千年才积累下来的悠久历史、灿烂文明以及它深厚的文化内涵都统统呈现出来。那么，我们如何才能处理好有限的篇幅与无尽的中华文明这对矛盾呢？早在一百多年前，人们就想到了乡土教材。当时先贤们的想法很简单——爱祖国，就要从热爱自己的故土做起；爱人民，就要从热爱自己的家乡父老做起；爱传统，就要从热爱自己的本乡本土的乡土文化做起。他们相信，一个热爱乡土的人，一定会热爱自己的国家，热爱自己的人民。因为说到底，乡土教育就是一场"培根"的教育。根深才能叶茂，一个不了解家乡的人，就是一个无根的人，这样的人终究不会真正长大。

中国乡土教材发展的历史不过百年，而乡土文化却延续了数千年。并不庞大的乡土教材，承载着厚重而丰富的乡土文化，成为千千万万个青少年的必学内容。之后，这些文化再由孩子传给自己的爸爸妈妈、爷爷奶奶、外公外婆。这样一来，不仅是有乡土教材的孩子们学到了乡土文化，没有教材的大人们也会通过孩子之口了解到乡土文化，乡土文化就是这样，在慢条斯理中获得传承。于是，无论年老还是年少，一代又一代的中国人,都在不断地从乡土中获得力量与滋养。这样,我们在漫漫的人生旅途中,不论走了多远,不管走到哪里,都会不忘来时路,亦不忘故土。

也许,乡土教材的意义就在于此。

毕 瑞

2022 年 3 月 20 日

目　　录

一、概念篇

一　什么是乡土教材？　/ 003

二　什么是乡土？什么是乡土文化？　/ 006

三　乡土教材和国家统编教材的区别在哪里？　/ 008

四　乡土教材和地方教材、校本教材的区别在哪里？　/ 010

五　乡土志和乡土教科书的区别在哪里？　/ 013

六　为什么说地方志是乡土教材编写的基础？　/ 015

七　为什么说清末乡土教材应包括乡土志和乡土教科书？　/ 017

八　为什么说清末教育改革是我国乡土教材产生的直接原因？　/ 018

九　为什么说国外的乡土教材是我国乡土教材产生的外部原因？　/ 020

二、历史篇

一　中国最早的乡土教材是个什么样子？　/ 025

二　清末的中国乡土教材有什么特点？　/ 027

三　民国初期中国乡土教材有什么特点？　/ 028

四　民国中期中国乡土教材有什么特点？　/ 030

五　为什么《无锡乡土教材》是民国时期中国乡土教材的代表作？　/ 032

六　民国后期中国乡土教材有什么特点？　/ 033

七　新中国成立后到"文革"开始前的中国乡土教材有什么特点？　/ 035

八　"文革"时期中国乡土教材有什么特点？　/ 037

九　"文革"结束后至 20 世纪末中国的乡土教材有什么特点？　/ 039

十　20 世纪末至 21 世纪初的中国乡土教材有什么特点？　/ 041

十一　新时期乡土教材应该具有哪些特点？　/ 043

三、意义篇

一　为什么说开展乡土教育是中国当代教育的当务之急？　/ 049

二　为什么乡土教育是基础教育之根？　/ 051

三　为什么要推动乡土教育进课堂？ / 053

四　为什么说通过乡土教育可以重构人们的精神家园？ / 055

五　为什么说编写乡土教材可以推进基础教育改革？ / 057

六　为什么说编写乡土教材能促进课程文化的多元化发展？ / 059

七　为什么说编写乡土教材最重要的是展现乡土知识？ / 061

八　为什么说编写乡土教材可以确保当地传统文化基因的永续传承？ / 063

九　为什么说编写乡土教材可以帮助我们传播乡土文化？ / 065

十　为什么说编写乡土教材可以实现生活、教育的同步化？ / 066

十一　为什么说编写乡土教材是促进本土知识快速普及的需要？ / 068

十二　为什么说编写乡土教材是记住乡愁的需要？ / 070

十三　为什么说编写乡土教材也是进行爱国主义教育的需要？ / 072

十四　为什么说编写乡土教材可以让更多的人关注到本地的文化遗产？ / 074

四、理念篇

一 为什么说编写乡土教材的目的就是告诉孩子
"我们家乡是个好地方"? / 079

二 乡土教材怎样才能把家乡的"好"说出来? / 080

三 乡土教材为什么只说自己家乡"好"? / 082

四 为什么说编写乡土教材的目的就是告诉孩子们
爱祖国必须从爱家乡做起? / 083

五 为什么说乡土教材的本质就是明确告诉孩子
"一方水土养一方人"的道理? / 084

六 为什么说编写乡土教材一定要谨遵科学性
写作原则? / 087

七 为什么说编写乡土教材一定要谨遵实用性
写作原则? / 088

八 为什么说编写乡土教材一定要谨遵系统性
写作原则? / 089

九 为什么说编写乡土教材一定要谨遵条理性
写作原则? / 090

十 为什么说编写乡土教材一定要谨遵可读性
写作原则? / 091

十一 为什么编写乡土教材一定要遵循适龄性原则? / 093

十二 乡土教材在编写时如何才能体现出地方特色? / 095

十三 乡土教材在编写时如何才能体现出民族特色? / 097

十四　乡土教材在编写时如何才能适合教学需要？　/ 098

十五　乡土教材在编写时如何才能确保选材的
　　　准确性？　/ 100

十六　乡土教材在编写时如何才能确保选材的
　　　代表性？　/ 101

十七　乡土教材在编写时如何设计课上的实践环节？　/ 103

十八　在乡土教材的编写过程中如何设计孩子们的
　　　课下实践？　/ 105

十九　乡土教材在编写时为什么要构建评价体系？　/ 109

二十　乡土教材在编写时为什么要处理好"家乡"和
　　　"国家"之间的关系？　/ 111

二十一　乡土教材在编写时为什么要处理好"家乡"和
　　　　"他乡"之间的关系？　/ 112

二十二　乡土教材在编写时为什么要处理好"我国"和
　　　　"他国"之间的关系？　/ 114

二十三　乡土教材在编写时如何才能组织起一批优秀的
　　　　编写人才？　/ 116

二十四　乡土教材在编写时如何才能优化写作班子的
　　　　组织形式？　/ 118

二十五　在少数民族地区编写乡土教材时要遵循怎样的
　　　　理念？　/ 120

二十六　同学们就生活在乡土之中为什么还要学习
　　　　乡土教材？　/ 122

五、内容篇

一 乡土教材为什么要加入当地重要历史事件方面的内容？ / 127

二 乡土教材为什么要加入当地重要历史人物方面的内容？ / 128

三 乡土教材为什么要加入当地的地理环境与自然资源方面的内容？ / 130

四 乡土教材为什么要加入当地重要文物古迹方面的内容？ / 131

五 乡土教材为什么要加入乡土民俗方面的内容？ / 133

六 乡土教材为什么要加入民间文学方面的内容？ / 135

七 乡土教材为什么要加入传统表演艺术方面的内容？ / 136

八 乡土教材为什么要加入传统工艺美术方面的内容？ / 138

九 乡土教材为什么要加入传统工艺技术方面的内容？ / 140

十 乡土教材为什么要加入传统祭祀与庙会方面的内容？ / 142

十一 乡土教材为什么要加入传统节日方面的内容？ / 144

一、概念篇

一 什么是乡土教材？

本书开篇，我们需要弄清的第一个问题，便是什么是"乡土教材"。就像古希腊哲学家柏拉图提出的哲学三问——"我是谁？我从哪里来？我要到哪里去"一样，我们要想学会创作"乡土教材"，首先需要解决的便是"什么是乡土教材"的问题。只有这个问题解决了，我们才能进一步探讨乡土教材究竟应该怎样编写。

那么，什么是"乡土教材"呢？所谓"乡土教材"，就是指在正常的教学之外，相关机构或单位结合学校所在地的实际情况与特点，编写出的反映当地情况的补充性教材。一般来说，组织编写教材的机构通常是当地学校或者是地方教育行政的主管部门。教材的内容不但丰富，而且涉及面广，主要包括当地历史、地理、环境、物产、政治、经济、文化、文学、艺术、生产、文物、非物质文化遗产、交通，贸易以及风土人情等多方面内容。这样的乡土教材既有助于加强学生们对当地文化的了解，又有助于激发同学们热爱家乡、建设家乡的爱国情怀。

总之，我们所说的"乡土教材"大致有这样几个特点。

一、从乡土教材的性质看，乡土教材是国家统编教材的重要补充。作为课堂教学的一种重要补充，乡土教材多由学校或是地方教学主管部门组织编写，教材内容包括学校所在地之历史、地理、交通、政治、经济、文化、民族、民俗等多方面内容。和国家统编教材相比，它具有鲜明的地方特性。

二、从乡土教材的内容看，"乡土"是它的基本内容。什么是"乡土"？所谓"乡土"，就是我们从出生起就赖以依存的生活环境，是儿时陪伴我们的天空、大地、山川、河流，是滋养我们心灵、延续我们一生记忆的地方。不同的人有不同的家乡，故而，不同的地区也就有了不同的乡土教材。我国幅员辽阔，依环境的不同，各地乡土教材所反映的内容也是各不相同的。例如，北方的乡土教材可以重点展现北方的冰雪世界，以及生活在这里的北方民族的聪明才智；而南方的教材则可以集中展示南方民族的智慧与特点；西部干旱缺水，可以重点展示当地人取水、节水的知识；而东部沿海地区的乡土教材，则可以重点挖掘讲授沿海渔民的海上生活，例如，他们是如何捕鱼的，他们是如何在海边生活的，等等。

三、从乡土教材的作用看，乡土教材作为我国基础教育所用教材的重要补充，它系统而全面地向同学们展示了学校所在地的方方面面，这些乡土教育不但增强了同学们对家乡的了解、对家乡的热爱，还会在此基础上，让学生的情感升华为对祖国的热爱，从而内心产生对祖国和家乡的归属感、认同感。这样一来，不论今后走到哪里，身在何方，他们都会因青少年时期所受的爱国爱乡教育,而成为一名心系家乡、心系祖国的中国人。

总之,我们认为:所谓乡土教材,就是在遵循国家相关教育制度基础上,由当地学校或地方教育行政部门组织编写的,以反映本乡本土的乡土文化为主要内容的国家统编教材之外的补充教材。

二 什么是乡土？什么是乡土文化？

要界定"乡土文化"，首先我们要先界定一下什么是"乡土"。所谓"乡土"，就是一个人小的时候待过的地方，或者说一个人成长起来的地方。不管我们是哪个民族，也不管我们是住在城里，还是住在乡下，这里都是我们自己的乡土。所以，这里的"乡土"，并不是指狭义的"乡下"，而是指我们每个人都有的家乡，那个我们长大的地方，那个令我们渐通人事，形成自己情感态度与价值观的地方。乡土是我们每个人心灵中的故土，是我们的精神家园。对于乡土教材来说，我们生活着的那块土地，生我养我的地方，就是我们的乡土。

那么，什么是"乡土文化"呢？在编写乡土教材时，我们可以这样定义：所谓"乡土文化"，是指学校所在地的当地人为适应当地的自然环境与社会环境，逐渐形成的一套完整而系统的生活方式与生产方式。"乡土文化"大致可以分为两个大类：一是当地人为适应当地自然环境而形成的乡土文化，如山地民族的采集技术、狩猎技术，海洋民族的捕捞技术、鱼产品养殖技术；二是当地人为适应当地社会环境而产生的乡土文化，如历史上茶马古道途经地形成的商旅文化、快餐文化等等。一方面，人会影响环境，同样，环境也会影响人。

我们把在这个相互影响过程中产生的文化,统称为"乡土文化"。当然,在这些长年累月积淀起来的传统文化中,既有精华,也有糟粕。因此,我们在编写乡土教材的过程中,一定要懂得取舍,要明白我们应该继承什么、扬弃什么,通过乡土教育把本乡本土最优秀的传统文化继承下来,并传承下去。

三 乡土教材和国家统编教材的区别在哪里？

乡土教材和国家统编教材是有区别的。这个区别主要体现在以下几个方面。

一、组织机构不同。国家统编教材的组织机构是国家教育部，而乡土教材的组织机构是各地方的各级教育部门，如各省、市、县的教育机构。这些教育机构具有一定的自主性，可根据当地的实际情况自主编写。

二、教材类型不同。义务教育阶段的国家统编教材是一种官方的强制性学习教材，它面向全国中小学，属于普及性或普适性教材。但是，乡土教材则是为让更多的学生了解本地文化而编写的一种补充性教材或辅助性教材，不要求学校强制使用。

三、教材内容不同。国家统编教材的内容在学科分类上相当明确，例如在英语教材中，只有英语方面的内容；在数学教材中，只有数学方面的内容；在历史教材中，只有历史方面的内容。但与上述教材不同的是，乡土教材在内容上具有很强的综合性。在一本乡土教材中，可以既有历史方面的内容，也有地理方面的内容，同时还有风土人情等方方面面的内容；此外，乡土教材还具有很强的地方性，它所反映的内容以本乡本土为主。所以,倘若把一个地方的乡土教材放到另一个地方,肯定不再适用。因为乡土教材所承载的就是当地独有的历史与文化,它具有个性,也具有独特性,而国家统编教材则没有明显的地域限制,它的通用性,使得它可以放在中国的任何一个地方去使用。

四 乡土教材和地方教材、校本教材的区别在哪里？

乡土教材、地方教材、校本教材这三个概念比较容易混淆。现在，我们就来具体地区分一下。

从时间看，乡土教材产生于清末，是清政府进行教育改革的必然产物。1903年，张百熙、张之洞、荣庆拟定《奏定学堂章程》，该章程又称"癸卯学制"，它是第一个由清政府制定并全面贯彻实施的教育制度。制度规定，历史、地理、格致三科内容以乡土教育为主。乡土教材最初的官方依据也源于该学制。其中，关于乡土教育内容的规定，给乡土教材的编写提供了可以依据的范本。光绪三十一年（1905）四月，清政府颁行的名为《乡土志例目》的小学堂课本，为乡土教材的编写提供了指南。而地方教材、校本教材的提法则是在2001年我国新课程改革之后才被正式纳入官方文件的。

从使用范围看，地方教材使用面最广，可在全省或全市范围内使用，一个省市通常都会有几十个乃至上百个县、上千个乡镇。反之，乡土教材使用范围就要小很多。乡土教材主要以本乡、本县为主，最大不超过市域范围。而校本教材使用范围会更小些，有的甚至只在一个学校使用。

从内容看，地方教材主要是学科课程的扩展和延伸，是学科课程的必要补充，如《语文扩展阅读读本》是语文课的补充，《英语课堂活动手册》是英语课程的补充等等。乡土教材则重点反映本乡本土的自然地理、人文社会、民风民俗，有一定的地域性和乡土性，如《家在科尔沁》《我爱拉市海》《美丽的湘西我的家》等。而校本教材的编写重点考虑的是本校特色和本校学生的实际情况，笔者在调研中发现，有的学校会有一些课外兴趣小组，组织学生学习武术，学习绘画，学习书法，学习民乐等，这类学校就会在此基础上，组织本校教师编写《××小学武术教材》《××小学绘画教材》《弹起我心爱的冬不拉——××学校民乐校本教材》等。

相比之下，乡土教材的提出时间更早，发展历史也更长。如果说乡土教材是一棵百年大树，那么地方教材、校本教材只不过是一棵只有20多岁的小树苗。所以，在后来的发展中，地方教材、校本教材难免会借鉴到一些乡土教材的内容。毕竟，在成长过程中，我们是需要向更多的前辈进行学习的。所以，有的时候，地方教材、校本教材中也会出现一些乡土教材中呈现的内容，这都是很正常的。

总之，如果一定要让我们说清乡土教材与地方教材关系的话，那么，乡土教材肯定是地方教材，但地方教材不一定全是乡土教材。因为只有反映了本乡本土特色的地方教材才可称为"乡土教材"。这就是乡土教材与地方教材的区别。那么，乡土教材与校本教材又有什么本质上的区别呢？二者之间有交叉,也有独立。通常,校本教材中会有一部分内容属乡土教材,但不会全是。如校本教材中讲到的音乐、绘画、武术,就不一定是本地特色。另外,校本教材一般只在本校使用,而乡土教材则可在同一文化圈内的多个乡或是全县域内的多所学校使用。

五 乡土志和乡土教科书的区别在哪里？

　　清末的乡土教材，既包括乡土志，也包括乡土教科书。二者的区别主要表现在以下几个方面。

　　一是编写体例不同。乡土志的编写体例是"例目体"，即在一个条目下选取多个典型性的事例。乡土志共有十五个门类，包括历史、政绩录、兵事录、耆旧录、人类、户口、氏族、宗教、实业、地理、山、水、道路、物产、商务。而乡土教科书的编写体例是"课目体"，即对以上乡土志中的这十五个条例进行整理归纳，按照"课"的形式组织安排乡土教材的内容。

　　二是出版情况不同。乡土志的编写单位多为县主管部门，这些州县府志多以稿本、刻本或抄本的形式出现，能否出版并投入使用，获批权归各级政府所有。反之，乡土教材的编写单位是各地教育主管部门或学校，这些乡土教材由于数量巨大，一旦获批，便可以作为教材投入使用。

　　三是持续时间不同。乡土志在新中国成立后，就不再作为乡土教材被使用，它作为乡土教材的使用时间只有从清末到民国的短短几十年。但乡土教科书却一直存在，特别是在新课程改革之后，乡土教科书作为与义务教育阶段课程大纲相配套的补充教育资料,已经成为乡土教育的唯一教材。

总之,虽然乡土志和乡土教科书都是清末一直被使用的乡土教材,但乡土教科书比乡土志更加正式,更加规范,质量也更高。此外,乡土教科书的"课目体"编写体例,也比乡土志更加灵活,更适合用于中小学课堂。因而,乡土教科书在后来的发展过程中逐渐代替了乡土志,成了乡土教材的代表。

六 为什么说地方志是乡土教材编写的基础？

我们了解一下什么是"地方志"。地方志也可称为"方志"或"志书"。它是专门记述某个地区自然、社会、经济、政治、文化等众多领域发展变化的著述。地方志从汉代时就已出现，迄今为止，已有2000多年的历史了。从以往的地方志著述中，我们不难看出，地方性、资料性以及连续性是它的主要特征。

要想编写乡土教材，我们需要掌握大量的乡土资料，并在此基础上，进行资料的筛选与整理。那么，这些资料从何而来呢？可以说，地方志是我们编写乡土教材时最常用的资料来源。因为它包罗万象，真实准确，可以视为记载一个地区历史发展变化的最重要的第一手资料。有了地方志作为参考，我们在编写乡土教材时，就有了最基本的资料储备。例如，我们将方志中矿产资源、飞禽走兽、山川河流等资料提取出来，编入教材，那么，学生们就可以由此了解到家乡的矿产资源、山山水水、草草木木，就可以对家乡物产做到心中有数。将方志中民俗、谚语、神话、传说、故事摘取出来，编入教材，那么，学生们就可以由此了解到家乡的历史、人文、传奇故事以及家乡人民的聪明才智。因此，以地方志为基础编写乡土教材，更具有真实性，更能凸显出乡土特色，也更容易使当地的乡土知识流入孩子们的心灵。

当然，乡土教材和地方志还是存在着一定的差异的，一种属于志书，一种则是教材。但至少我们可以肯定，清末的乡土教材在很大程度上借鉴了地方志的研究成果。因此我们说，地方志是乡土教材产生的基础。

七 为什么说清末乡土教材应包括乡土志和乡土教科书？

1904年1月13日，清政府颁布《奏定学堂章程》（又称"癸卯学制"）。该章程的颁布使乡土教材的编写，有了最初的官方的依据。1905年，清政府颁布的《乡土志例目》使乡土教材的编写有了制度上的保障。从最初的官方指导，到后来的制度化保障，可以说，在1904年至1905年这一年多时间里，清政府一直在探索中国乡土教材的编写。1905年之前，我国由于尚无乡土教材，所以最初的乡土教育资料，暂用各地乡土志代替。1905年《乡土志例目》颁布后，我国正式的乡土教科书开始大面积出现。所以我们说，中国清末早期的乡土教材包括了乡土志和乡土教材两类。

八 为什么说清末教育改革是我国乡土教材产生的直接原因?

说起清末教育改革,我们要追溯到百年以前的中国。1917年,俄国十月革命的一声炮响,给中国送来了马克思主义。而早在1840年,西方列强的坚船利炮,就已经轰开了中国闭关锁国的大门,也彻底打消了清末统治者"唯我天下第一"的空想。清政府在政治、经济、军事及文化上的种种弊端逐渐呈现出来,风雨飘摇中的封建大厦已无法为国人提供安全的庇护。在艰难支撑了几十年后,随着19世纪末义和团的崛起、八国联军的入侵,面临内忧外患的清政府开始实施从政治到经济、从军事到教育的全面变革。

在清末实行的众多教育变革中,其中最重要的一项就是实行新学制,开办新学堂。有了这项制度做保障,1903年,张百熙、张之洞、荣庆拟定了《奏定学堂章程》,该章程又称"癸卯学制"。它也是第一个由清政府制定并全面贯彻实施的教育制度。制度规定,历史、地理、格致三科内容主要以乡土研究为主。此项制度从1904年开始正式实施,乡土教材最初的官方依据亦源于此。到了1905年4月,清政府编辑并颁行了小学堂课本,名为《乡土志例目》，作为乡土教材编撰工作的指导方案。可以说，1905年编写的《乡土志例目》基本奠定了官方乡土教材的编写体例。在这个编写体例的指导下，中国乡土教材的编写工作由此拉开序幕。

九 为什么说国外的乡土教材是我国乡土教材产生的外部原因？

清末实行了一系列教育改革，其指导思想即是洋务运动所强调的"中学为体，西学为用"。此时的中国，在被西方打开了闭关锁国的大门后，也开始了向国外学习历程。当时，清政府选择的学习对象是德国和日本。

为什么清政府会选择这两个国家呢？我们先来说一下选择德国的理由。首先，德国自19世纪中叶以来，在教育的诸多领域，特别是乡土教育方面，一直走在世界前列。德国在1892年就颁布了《关于小学校及教员养成的一般规程》，这也是德国实行乡土教育的最早的官方依据。既然人家做得好，那么我们就要向人家学习。这也是清政府选择向德国学习的根本原因。其次，还有一个原因也不可忽视。当时的洋务运动代表、清末重臣李鸿章非常推崇德国教育，在他的努力下，清政府多次派遣学生到德国留学，甚至一些社会知名人士也纷纷前往德国考察。比如，我们所熟知的北大第一任校长蔡元培，就曾三次前往德国考察学习。在耳濡目染之下，德国的乡土教育思路也在这样一个背景下被引入中国。

除向德国学习外，日本也是清政府学习的一个重点。日本与中国一衣带水，交通便利，文字相近，风俗相似。更重要的是，日本距中国只有一海之隔，若是去日本学习，距离近，花费少，这样，就可以给在多次赔款之后，负债累累的清政府省下了一大笔的经费支出。更何况中日文化交流，早已有之。早在唐朝，就有相互往来的传统。应该说，中国人去日本，可谓熟门熟路。因此，留学生赴日形成高潮亦在情理之中。那么，日本在乡土教育方面，又给了中国怎样的借鉴呢？1900年，日本通过了《新小学令施行规则》（以下简称《规则》）。在该《规则》中，小学历史、地理等科目的设置，明显地借鉴了欧美国家的乡土教育理念。紧接着，1903年，清政府便以《新小学令施行规则》为蓝本，制定了中国乡土教材编写工作的最初依据——《奏定学堂章程》。可以说，清末中国乡土教材从制定到编写，从教育思想，到课程内容设置，再到教学方法，都是从日本借鉴过来的。

综合以上事例，我们可以看出，清末乡土教材之所以能被清政府重视，与当时我们向德国和日本看齐有关。这些外国经验为中国乡土教材的编写提供了很好的示范作用。所以我们说，国外乡土教材的编写，直接推动了我国乡土教材的产生。

通过上述的介绍，我们可以认为，我国早期的乡土教材，是在清末救亡图存教育思想的影响下，在德、日等国乡土教材编写经验的启迪下，在清政府1904年1月13日颁布的《奏定学堂章程》指导下，开始步入正轨的。

二、历史篇

一 中国最早的乡土教材是个什么样子？

通过查阅资料，我们知道，中国最早的乡土教材是国学保存会编写的乡土教科书，编写时间应在1906—1907年之间。

那么，国学保存会究竟是个什么样的社会组织呢？国学保存会是由邓实、黄节、刘光汉等人于1905年2月在上海创办的，其办会宗旨是"研究国学，保存国粹"。国学保存会成立后，便拟定了办会章程，并创办了刊物《国粹学报》。《国粹学报》从1905年创办到1912年停刊，虽然只有短短7年，但在这个刊物上却刊载过很多关于乡土教材编写的文章，如刘师培的《编撰十八行省乡土历史、地理、格致小学教科书，兼办神州乡土教育杂志》和《劝各省州县编辑书籍志启及凡例》等文章，都是在这里发表的。这些文章均明确地提出了编写乡土教材的主张，并得到许多同人的响应。经国学保存会的多方努力，仅在1906—1907年的一年间，江苏、安徽、江西、广东、直隶、湖北等省编纂的乡土历史、地理志便得以陆续完成。

这一时期的乡土教材具有两个明显的特征：其一，在命名方式上，这批乡土教材并没有使用常用的"乡土志"来命名，而是统一采用了"某某教科书"的命名方式来命名；其二，在编写体例上，这批乡土教材并没有按照《乡土志例目》中规定的例目体进行编写，而是按照教科书的课目体形式来编写。

然而，这批乡土教科书最后却未能通过清政府的审核，原因在于以刘师培为代表的编写者具有明显的"排满兴汉"倾向。但从编辑体例来看，国学保存会编写的这套最早的乡土教材，对后来中国乡土教材的编写，仍具有一定的指导意义。

二 清末的中国乡土教材有什么特点？

1905年清政府颁布的《乡土志例目》，为中国乡土教材的编写提供了官方依据。在此后的百余年间，乡土教材从零星出现到大面积地普及，再到后来的全国推广，星星之火已成燎原之势。所以，我们可以说，清末是中国乡土教材编写工作的发轫期。在这一时期，中国的乡土教材具有以下的几个特点。

其一，从历史背景看，清末的教育改革是乡土教材产生的直接原因，德国和日本乡土教育的影响是推动乡土教材产生的最重要的外部原因，而我国地方志及编写地方志的经验，又为乡土教材的产生提供了丰富的资料积累。

其二，从内容看，由于清末正值中国乡土教材的初步探索期，所以这一时期的乡土教材既包括乡土志，也包括乡土教科书，是中国乡土教材从乡土志到乡土教科书的一个重要过渡期。随着对乡土教科书编写经验的逐步积累，规范的乡土教科书开始出现，中国的乡土教材也从中国的乡土志中独立了出来。

其三，从影响看，一方面，清末乡土教材的编写是在各种新思潮的影响下产生的；另一方面，清末乡土教材的编写也为此后中国乡土教材的编写提供了重要的编写模式，也为我们保留下了大量的、丰富而珍贵的乡土资料。

三 民国初期中国乡土教材有什么特点？

我们这里所说的"民国初期"，是指从 1912 年到 1927 年这样一段时间。1912 年 1 月 1 日，中华民国成立。建国伊始，民国临时政府教育部便拟定了《普通教育暂定办法》。随着该办法的颁布，乡土教材的编写工作也开始步入制度化、规范化轨道。但从总体上看，民国初期中国乡土教材的编写仍呈现出一个缓慢发展的局面。这一时期，中国的乡土教材主要表现出以下几个特点。

其一，从指导思想看，新生的民国政府特别希望能通过乡土教材的编写，让学生从对家乡的爱上升到对祖国的爱，进而激发起他们保家卫国、救亡图存的思想。所以，这一时期乡土教材的指导思想，以培养学生爱家乡、爱祖国为主。

其二，从教材内容看，民国过渡期的乡土教材既包括清末编写的乡土志，也包括在清末乡土教材基础上修订后出版的乡土教科书。特别是民国初年，由于北洋政府并未公布类似《乡土志例目》这样的乡土教材编写工作的指导文件，这便导致了民国初年部分乡土教材仍然沿用原有的清末乡土志的体例。随着国民政府的成立，完全照搬清末乡土志编写体例的做法，已经无法满足人们对乡土教材编写的新要求，乡土教材的编写体例也发生了明显改变。尽管这一时期乡土教材仍然使用文言文，但它所包括的内容已经非常丰富，乡土历史、乡土地理、地方文化、风土人情一应俱全，乡土教材的综合性特点在这一时期已经形成。

四 民国中期中国乡土教材有什么特点？

这里所说的"民国中期",是指从 1928 年到 1936 年这样一段时间。1927 年,以蒋介石为首的南京国民政府成立。新政权建立伊始,便在政治、经济、教育等诸领域实施了大刀阔斧的改革。借此东风,乡土教材的编写也迎来了一个前所未有的春天。可以说,民国中期中国的乡土教材的编写呈现出了一个繁荣发展的新局面。这一时期的乡土教材具有以下几个特点。

一、从重视程度看,乡土教材的撰写得到了从中央到地方的高度重视。1928 年,南京政府召开了第一次全国教育工作会议,会议组织编写了有关乡土教材的提案。该提案重新强调了乡土教材的作用,明确了乡土教材的地位,同时也为乡土教材应该选取什么样的内容提供了范围上的参考。1929 年,《小学课程暂行标准》颁布,其中对各科乡土教材应设置什么样的内容,以及时间该如何分配等,均做出详细规定。1930 年,第二次全国教育工作会议召开。会议再次强调了编写乡土教材的重要性。可以看出,从 20 世纪 20 年代末始,国家陆续出台乡土教材规范,并用官方文件的方式确立了乡土教材在教学中的地位。随之而来的是,各地政府也纷纷响应中央号召,并加入到了收集、整理、研究及编写乡土教材的行列中去。

二、从教材形式看,受到新文化运动提倡白话文的影响,此时的乡土教材完成了从文言文教科书到白话文教科书的转变。1930年,福建潘守正、彭传珍编纂的《最新语体·福建全省乡土教科书》作为白话文(语体文)乡土教材的代表,出现在乡土教材中,反映出这一时期乡土教材在形式上的变化。

五 为什么《无锡乡土教材》是民国时期中国乡土教材的代表作？

由周士香、陈延镛等人编著的《无锡乡土教材》于1936年1月出版。这是一套专供初级小学三至四年级学生使用的乡土教材。这套乡土教材的出现，奠定了其后乡土教材的基本格局，除竖排之外，在编写形式与编写体例方面，与我们现行乡土教材都有着很高的相似度。

首先，在教材形式上，这套《无锡乡土教材》采用了语体文和课目体形式，甚至还安排有学习单元。在每节课前面，还设有专门用于提出问题的"导语"，而在每节课的后面，还会设置问题，供同学们思考。这一点与我们现行教材中常用的"课后习题"类似。

其次，教材内容的安排也开始变得更加活泼与多样。例如，除文字叙述外，教材还配有插图、统计图表等，用来帮助学生理解课文内容，甚至在每课课后，还有扩展性的知识补充。

以上元素，即便在今天的教材中依然存在。所以，《无锡乡土教材》不仅可以作为民国时期中国乡土教材的标杆，同时也可作为中国乡土教材的重要模本。

六 民国后期中国乡土教材有什么特点？

我们所说的"民国后期"，是指从 1937 年到 1948 年这段时间。具体来说，这一时期又可以分为两个阶段：第一个阶段是指从 1937 年抗日战争爆发到 1945 年抗战胜利这段时间；第二个阶段是指从 1945 年国共内战爆发到新中国成立前夕的这一段时间。

我们先来看第一个阶段中国乡土教材发生的变化。这一时期中国乡土教材辐射面更大，呈现出多元发展的局面。

从相关政策看，1938 年中国国民党临时代表大会通过的《战时各级教育实施方案纲要》，进一步强调了乡土教材整改的必要性；1941 年公布的《小学初级常识科课程标准》，再次强调了乡土内容的重要性，并将其分为"乡土自然环境""乡土社会经济""乡土政治""乡土社会文化""乡土警卫"五个部分。1942 年的国民教育工作检讨会单独提出了《关于各省市收集或编辑地方教材办法》，可以说，这是民国时期颁布的关于中国乡土教材的国家纲领性文件。

从教材内容看，因为是在抗日战争这一大背景下，所以乡土教材被赋予了保家卫国、救亡图存、唤起民族精神等重要使命，在内容上与抗战紧密相连，凸显了救国、爱国等内容。从使用范围看，之前乡土教材使用范围主要集中在初级小学第三、四学年，或者高级小学第一学年。1938年教育部规定县立初中学生也需注重乡土教育后，乡土教材的使用范围便从小学扩展到了中学。此外，乡土教材的学科辐射面也更加广阔，除国语、常识等科目中出现有乡土教育内容外，其他学科也陆陆续续增加了有关乡土教育的内容。

我们再来看一下第二个阶段中国乡土教材发生的变化。这一时期乡土教材编写呈现出停滞不前的局面，国民政府没有再出台有关乡土教材的文件。这一时期，虽也不乏专家学者的零星讨论，但这些好的建议尚无法落实到政策层面。乡土教材建设处于停顿阶段。这是因为抗日战争胜利后内战开始，国共两党无暇顾及乡土教材，又因为乡土教材只是作为补充性教学材料，因此，乡土教材的编写工作走向低谷，基本上处于停滞状态。

七 新中国成立后到"文革"开始前的中国乡土教材有什么特点？

新中国成立后到"文革"开始前（1949—1965）的这段时间里，中国的乡土教材出现了一个从被忽视到被重视，再到逐渐规范的发展过程。为什么说是从被忽视到被重视呢？因为在新中国成立后的前几年时间里，我国的经济、政治、文化诸领域百废待兴。在教育领域，全国通用统编教科书是国家教育部门考虑的重点，而作为非全国统编的乡土教材，当时却并没有得到教育主管部门的高度重视。所以说，这几年的乡土教材基本上处于被忽视状态。直到 1957 年，国家提出，教材要有地方性，这个时候，代表地方特色的乡土教材才开始受到各级政府主管教育部门的关注。此后，中国的乡土教材也进入了一个循序渐进的发展过程。

从官方文件看，1958 年 1 月 23 日，新中国成立后的第一个专门针对乡土教材编纂工作的国家文件由教育部颁发。这个名为《关于编写中小学、师范学校乡土教材的通知》（以下简称《通知》），再次强调了乡土教材的重要性，乡土教材也由此受到了教育主管部门的全面关注。该《通知》不仅为新中国乡土教材的编写提供了制度上的保障，还对乡土教材的编写科目、教学要求、选材范围、学习时间等做出了详细规定。同年8月,中共中央、国务院又联合颁布了《关于教育事业管理权下放问题的规定》,将编写乡土教材的权力下放到地方,即可由地方组织人力、根据实际情况进行编写。在这一背景下,各地抢抓机遇,纷纷开始编写属于本地的乡土教材。

从教材内容看,这一时期乡土教材宣传抗日救亡的内容明显减少,涉及的科目种类逐渐增多,所含内容包罗万象,例如广西壮族自治区编写的中等学校历史课乡土教材《可爱的广西壮族自治区》(1958年),上海市教育局编写的《上海市乡土地理教材》(1958年),广东省教育厅编写的《广东省中学语文乡土教材》等,也都涵盖了多方面内容。此外,学习乡土教材的学生人数也明显增加。乡土教材的受众,从小学延伸到普通中学,又从普通中学延伸到了师范专业。

从教材性质看,乡土教材是校本教材之外的重要补充。此时的乡土志已完成了自己的历史使命,不再作为乡土教材使用。可以说,经过数十年的探索之后,乡土教材的编写变得逐渐规范起来。

八 "文革"时期中国乡土教材有什么特点？

"文革"十年（1966—1976）是中国历史上的一个非常特殊的时期。这十年中的乡土教材也有着很明显的时代特点，可以说它是一面时代的镜子，照射出这个时代固有的特点。这些特点主要集中在以下几个方面。

一，从政策层面看，1967年出版的《毛泽东论教育革命》一书，成了"文革"时期中国乡土教材编写的重要指导。需要注意的是，这部书再一次强调了教材改革的重要性和凸显地方特色的重要性。

二，从教材编写上看，此时的乡土教材重点突出了以下四方面的特点。一是政治第一，乡土教材要突出强调意识形态的重要性和阶级斗争的重要性；二是注重实用，即教材内容要反映工农兵生活，要反映阶级斗争内容；三是编写队伍庞杂，编写方不仅有各级教育主管部门的参与，"人民公社""革委会""生产队"等也都参与到了乡土教材的编写中。由于社会混乱、资金短缺，此时编纂的乡土教材很少正式出版，多以内部资料的名义实施内部发行；四是资料来源混杂，之前乡土教材的资料主要来源于地方志，而此时乡土教材的内容主要来自普通群众的投稿，领导的讲话以及报纸杂志的摘抄，甚至贫下中农撰写的汇报、感想、体会等也被纳入乡土教材之中。可以说，这一时期的乡土教材已基本脱离了乡土教材的实际内涵，失去了其原来的社会意义，变成了一种简单的政治宣传工具。

九 "文革"结束后至 20 世纪末中国的乡土教材有什么特点?

所谓的"'文革'结束后到 20 世纪末",是指从 1977 年到 1999 年这段时间。这期间,中国的乡土教材经历了由恢复到发展的一个过程。它大体可以分为两步:一是"文革"结束后的逐渐恢复,二是在国家政策指导下开始的迅速发展。

"文革"结束后,中国的乡土教材急需从政治旋涡中走出,恢复它应有的社会地位。体现爱国主义,选入一些具有爱主义精神的人和事,是这一时期中国乡土教材的第一个重要特征。而反映现实成就(如地热开发、机场修建、农业丰收)是这一时期中国乡土教材的第二个重要特征。

这一时期,中国的乡土教材在体例上已经固定下来。内容的安排主要包括正文、注释、图表、习题诸元素。其实,这些元素早在民国中期的乡土教材中就已经存在。可以说,此时中国的乡土教材在历经了一番劫难,兜兜转转一大圈儿之后,又恢复了它原有的体例,回到了最初的原点。

1987 年,全国乡土教材工作会议召开。会议对乡土教材的编写意义、范围、内容、教学安排以及目标定位等,都作了详细规定。1990 年,国家教委再次组织"全国乡土教材建设经验交流会",对1987年乡土教材工作会议召开后的乡土教材编写经验进行了系统的交流和全面的总结。这次会议再一次推动了各地乡土教材的编写,中国乡土教材由此也上升到了一个新的台阶,它的标志是:一、乡土教材的编写数量大大增加。据不完全统计,到1990年底,各地编写的乡土教材超过2000种。受教范围已从小学、初中发展到高中。乡土教材的内容,也涵盖了当地地理、历史、美术、音乐等多个学科。二、乡土教材的辐射范围逐步扩大,几乎每个省、市、县都有了自己的乡土教材。可以说,国家的重视与推动,加之各级地方政府拥有了乡土教材编写的自主权,是推动乡土教材编写工作迅速发展的两个重要原因。

十 20世纪末至21世纪初的中国乡土教材有什么特点？

从1999年至今，中国已经走过了不平凡的20年，在这一时期，中国乡土教材的编写进入转型期，而转型的基本动因是国家相关政策的推动。

1999年，《中共中央、国务院关于深化教育改革全面推进素质教育的决定》出台，这个决定确立了中国的三级课程管理体制。这三级课程管理体制包括国家课程管理体制、地方课程管理体制和学校课程管理体制。2001年6月，国务院通过了《基础教育课程改革纲要（试行）》。该《纲要》指出：为满足不同地区、不同学校和不同学生们的不同需求，我国将实行国家课程、地方课程和校本课程三级课程管理体制，此时的乡土教材不再被单独提出，而是被纳入地方课程和校本课程管理体制之中。可以说，"乡土教材"这个特指名词已经完成了自己的使命。"乡土教材"一词，也被"地方教材"和"校本教材"两名词取代。但问题在于，有些地方教材并不只是介绍本乡本土的乡土知识，它也会涉及其他地方的乡土知识乃至全国的乡土方面的知识；有些校本教材，则是专门为本校学生开设的第二课堂或兴趣小组准备的，比如介绍一些有关书法、绘画、武术方面的知识等等，但这些校本教材并没有向学生们介绍有关本乡本土的知识。应该说，这一时期的乡土教材已经发生了根本性变化。其中，一部分乡土教材通过并入地方教材或校本教材，实现了自己的转型，而另一部分乡土教材则随着时间的流逝而不复存在了。

十一　新时期乡土教材应该具有哪些特点？

进入新时期，中国出现的乡土教材，主要包括两个大类：一类是与传统科目相结合的乡土教材，如把乡土地理、乡土历史、乡土生物、乡土音乐、乡土美术等融入传统教材之中；另一类就是综合多种乡土知识于一身的专业型乡土教材。而我们所要编写的，正是这样一类教材。这类教材以介绍乡土文化为宗旨，包容面更广，更能全方位地反映出一个地区的乡土特色。我们对这类教材编写的基本要求是：说得清，读得懂，行得通。

所谓"说得清"，是要求教材编写者一定要有扎实的乡土知识，并在教材中将乡土文化的精华准确地表达出来，要做到深入浅出，通俗易懂。也就是说，在遇到复杂问题时，编写者可通过分解的方式，把知识点化繁为简，或是通过举例的方式，让知识点通俗易懂地表述出来。让老师在拿到教材后，知道教材在讲什么；学生在学完教材后，知道自己学到了什么。只有这样，我们才能说教材真的把所要表达的内容说清楚了。

所谓"读得懂"是指教材的编写者要充分地考虑到学生们的接受能力和兴趣特点，在呈现乡土知识时，要尽量贴近学生们的实际生活和学生们喜闻乐见的表达方式，避免文字过于晦涩。例如，我们可以通过编写一些朗朗上口的儿歌，增强课文的可读性；也可配上一些精美的图画，让教材变得更加赏心悦目；还可以设计出一些有趣的文字游戏，来增强教材的实践性。此外，我们还可以在用图文的形式讲完某个知识点后，在文末放置二维码，通过扫码，让学生们看到与该知识点有关的视频，并以此拓展学生们的视野。

所谓"行得通"，是指教材不能只讲些大而无用的空话、套话，而是要选择那些真实能反映当地实际情况的、具有典型性和地方代表性的内容，让学生们学以致用。在广袤的中国大地上，分布着千千万万个乡镇，而每个乡镇的地理环境、历史发展以及风土人情等都有独特的一面，我们的任务，就是告诉学生们，我们的家乡有什么特点，我们的家乡在中华民族的文化创造中，到底做出过哪些独特贡献。如内蒙古敖汉旗的乡土教材就应该告诉学生们，敖汉旗是中国谷子的发源地；云南红河州的乡土教材就应该告诉学生们，这里为中国保留了最多的稻谷品种；贵州雷山的乡土教材就应该告诉学生们，雷山保存了世界上唯一一支具有五千年历史的苗族舞蹈。文化自觉、文化自信不是空口说出，更不是凭空捏造的。我们的乡土教材的编写，就是把本乡本土的优势发掘出来，为培养学生们的文化自信找到足够的证据。如果说统编教材强调的是中华文明的共性，那么，乡土教材强调的则是当地文化的个性。所以,在编写乡土教材时,我们一定要通过深入调查,将当地的历史、文化、风俗、物产等弄清楚、搞明白。

只有做到了"说得清","读得懂","行得通",我们编写的教材才能真正成为老师愿意教、学生喜欢学的乡土教材。

三、意义篇

一 为什么说开展乡土教育是中国当代教育的当务之急？

我们处在经济全球化时代，全球化带来的影响并不只局限于某一个地区，而是波及全球的每一角落。中国作为发展中国家，不仅在经济上面临巨大压力，在文化上也依然面临着被西化的危险，这一幕自然也体现在了我们的教育上。在这样一个大背景下，乡土文化逐渐凋敝，我们的乡村教育是非乡村甚至是反乡村的，因为我们是在用城市的模式、城市的教材开展我们的所谓"乡村教育"。"我是谁，我从哪里来，我要到哪里去"，这些关乎人类灵魂安顿与文化归属的原始问题，在大一统的"国家课程"里是根本找不到答案的。也没有哪个版本的教材能够令乡村的孩子们感受到我们为什么要学习，学习对于我们的特别意义。可以说，现在的乡村教育并不是为乡村，也不是为乡村的孩子，更不是为了乡村的未来。因为乡村教育严重地脱离了乡村的实际，高度复制着城市教育的内容，"乡村精神"也正在我们的教育中逐渐消弭。举例来说，一提到情人节，大家脑海中首先想到的就是2月14日。每年的这一天，大街上的巧克力都会热销，玫瑰花的价格都会疯涨。可是到了农历七月初七这一天，大街上却显得格外冷清，但实际上，七夕才是中国传统的"情人节"。大部分学生连中国的传统节日尚不记得，更不用说他们还知道与七夕节有关的神话故事《牛郎织女的传说》了。

当然，我们这样说并不是否定西方、否定东方之外的另一种文明。我们只是说，如果我们一味地紧随西方，不加取舍、全盘接受，就会有越来越多的年轻人，对于生他养他的那块土地、生他养他的那个家乡渐渐疏远，就会对生他养他的那份文化不再自信。一个人的世界观的形成，都是从认识自己周围的事物开始的，由认识家乡，转而再去慢慢地认识更大的、更抽象的世界。同样，每个人的情感也都是从热爱周围的一草一木、一亲一友开始，然后建立起爱民爱物的博大情怀。如果学生们对本土的文化都不了解，对脚下的大地都不熟悉，对自己的家乡都没有感情的话，还何谈爱祖国、爱人民呢？从这个角度来说，开展乡土教育应该成为中国当代教育的当务之急。

二 为什么乡土教育是基础教育之根？

早在100多年前，清政府在《奏定初等小学堂章程》中，就把乡土文化作为基础教育的重要内容。其中明文规定：在各科教学中，历史"尤当先讲乡土历史"，地理"尤当先讲乡土有关系之地理，以养成其爱乡土之心"，格致"宜由近而远，当先以乡土格致"。由此可知，乡土教育在我国有着悠久的历史。乡土教育的目的不仅是要增加学生们对乡土的了解，更主要的是要建立起他们与乡村普通百姓、与父老乡亲的血肉联系。

就像一个孩子在长大以后，尽管离开家乡多年，但他依然还能记住家乡菜的味道。每个人都有自己的故乡，每个人的乡土都有自己独特的文化内涵。一个在城里出生、城里长大的孩子，未必就能了解当地的城市文化，他们也需要关注他们的乡土，热爱他们的乡土。在基础教育中，我们首先要做的就是让每个学生通过乡土教育都能了解到自己的乡土文化，热爱自己的乡土文化，都愿为家乡的美丽而努力。要想实现这个梦想，最基础的工作，就是做好眼下的乡土教育。可以说，面对于基础教育而言，乡土教育就是它的根，就是它的魂。如果我们不知道教育的根基在哪里，只知一味匆忙赶路，那么，即使走得再远，也会是无根的"浮萍"。根深才能叶茂，无根的人终究不会真正长大。只要一个人心中有"根"，那么，无论身在何方，无论外部世界如何变化，我们对家乡的情感都不会疏离，我们对祖国的热爱都不会改变，我们对自身文化的认同都不会因此而消弭。

三 为什么要推动乡土教育进课堂？

乡土文化既承载着中国的传统文化，又包含着中国的多元文化。然而，至少在目前的中国，最偏远的农村小学却和最发达的城市小学一道，使用着同一套教材，而且课程严重脱离农村生活。如果地方小学不能使用合适的、符合当地实际情况的乡土教材，那么，孩子们所接受的就是不健全的教育，乡土文化的土壤也必定变得越来越贫瘠。现在我们的一项重要工作，就是尽我们的可能，让课堂成为乡土文化传承中最有保证的平台。

那么，乡土教育对于学生们的成长究竟具有怎样的意义呢？

乡土教育是学生们了解乡土的重要平台。在这个平台上，我们要将家乡悠久的历史、灿烂的文化、多彩的民俗以及当地人的聪明才智告诉给学生们。使乡土教育成为学生们建立文化自信的重要平台。乡土教育说到底是一场"培根"的教育。一个没有乡土文化作为自己发展底蕴的人，就是一个无根的人；而一个无根的人，无论学习成绩有多好，考试分数有多高，他的内心永远是空落落的，他或者不知道为什么而活着，为什么而努力。由于缺乏自信力的支撑，脆弱和自卑就会久埋于心，这样的他既不会飞得太高，也不会走得太远。

对于一个孩子来说，思想的启蒙是从脚下的这块土地开始的，而不是从那些死记硬背却无法理解的名词开始的。让乡土文化走进课堂，在课堂上给学生们以乡土文化的滋养，就能让学生们做到心中有根，就能让他们面对家乡心生欢喜，就能让他所经历的童年故事成为他人生中永不翻篇的话题。乡土教育不是让我们摒弃乡村，而是让更多更多的孩子能够了解到乡村之美，并使这一切成为他们长大后建设乡村的最原初的动力。

四 为什么说通过乡土教育可以重构人们的精神家园？

在义务教育中，从小学到中学，学生得到的都是有关高考的教育。也就是说，学校虽在农村，但学生的学习、考试、教材跟自己所在的乡土毫无关联，和当地的乡亲毫无关联。学生们学习的内容，无论是历史、地理，还是社会常识，讲的都是整个国家的内容，提到祖国的标志，只有长江、黄河、故宫、长城，没有家乡的一草一木。这种空洞教育所培养出的学生自然会缺少对自身文化的归属感，也会缺少对家乡、对社会、对民族、对祖国的认同。单薄的应试教育，能让他们想到的只有考试和分数，没有家乡和亲人。

教育的目的，首先是为了让孩子们能够更好地生活，我们今天所讲的乡土教育，就是希望我们的孩子能够关注乡土，关注生他养他的那片土地。看到一棵树，我们可以叫出它的名字，因为那是我们儿时经常攀爬的树；听到一首歌，我们可以哼出它的旋律，因为那是陪我们长大的童谣；品到一道菜，我们可以心生激动，因为那是儿时妈妈留给我们的味道。乡土记忆最终会转化为每个孩子成长过程中无尽的力量。这样一来，那些走出家乡的同学，会因依恋家乡而投资乡土；

那些留在家乡的同学,也会因了解家乡资源而另辟蹊径,成为推动发展当地经济的重要力量。可以说,乡土教育,不仅仅是一种知识的教育,更是情感、经验、价值观的传承。我们开展乡土教育,就是要让每一位同学以乡土为傲,无论走到哪里,都有一片属于自己的精神家园,而这个家园,就是我们的故乡。

五 为什么说编写乡土教材可以推进基础教育改革?

乡土教材是实施基础教育课程改革的重要组成部分。目前,我国基础教育存在的最大问题,就是过于重视普遍知识的传授。"一刀切"的教育模式使学校课程与当地儿童发展、地方经济社会严重脱节,地方知识、本土智慧被完全排斥在外。一些中小学在课程设置时,一切围绕中考、高考的指挥棒打转转,片面追求升学率,考什么学什么,对于最能反映本土文化的乡土知识,采取一种可有可无,甚至完全忽略的态度。这样的教育直接导致了地方知识和本土文化在年青一代中失传,从而为地域文化的危机埋下了重重隐患。而编写乡土教材,正是解决上述问题的关键性举措。乡土教材的实质,就是将地方性的乡土知识纳入学校教育的知识体系,因地制宜地实施个性化教育。可以说,乡土教育是对高度集中、大一统教育体制的一个有力突破,也为地方教育、学校教育的多元化发展提供了一个重要的施展空间。在众多的教学资源中,乡土教材是一种更容易被学生们接受的素材,是一种带有温度的教科书。它充分考虑到了当地经济、社会、文化发展的实际情况,让学生从身边可触、可观、可感的具体事物中学习，甚至是让他们参与其中，亲自体验，从而引发起他们的求知欲，让教育回归生活本身。乡土教育不仅能拉近学生与书本知识的距离，让知识的传授更接地气，同时也能为完善课程体系、推进中小学课程改革起到重要的推动作用。

六 为什么说编写乡土教材能促进课程文化的多元化发展？

我们常说，文化有多种表现形式，其中，表现形式之一便是课程。广义的课程文化，指的是学生通过学习，在学校中获得一切知识与经验的过程；狭义的课程文化主要是指教材文化。我们编写乡土教材所体现出的课程文化，正是这样一种狭义文化。

从文化性质看，乡土教材作为学校课程的一种重要补充，它是有别于其他课程内容的。这是因为其他课程内容所体现的是最一般、最典型、最普遍的科学知识文化，而乡土教材所体现的则是最独特、最生动、最具体的乡土知识与文化。这种文化恰恰是某些民族或地区所独有的、具有独特意义的知识体系和文化体系。因此，乡土教材是一种独特的课程文化，它所张扬的是一种本土精神和本土文化，这一点，没有其他的书本能够代替。从文化内容看，国家统编教材以传播普世的科学知识和普世的科学原理为主，而乡土教材则展现一地一乡特有的文化内容，比如乡土民俗、民间文学、传统工艺技术，传统工艺美术等。

在课程改革中，如果仅强调"放之四海而皆准"的科学知识与文化,就很容易牺牲本土的独特文化。如果将乡土知识纳入到整个改革之中,就能很好地弥补这一问题。所以,编写乡土教材对于丰富课程文化、保护多元文化,都是非常重要的。

七 为什么说编写乡土教材最重要的是展现乡土知识？

虽然乡土知识并非全部由乡土教材传递，但乡土教材确实是保存、传递乡土知识的最直接、最重要的载体。这是因为：

其一，乡土教材提供的乡土知识可以告诉同学们当地人民如何进行生产实践。这一点在乡土教材编写工作的启动期——清末民初时期，表现得最为明显。清末民初是中国历史上的一个知识较为贫瘠的历史时期。在这个时期，并不是每家每户的孩子都有机会接触到国家的统编教材。但乡土教材不同，它由当地基层编写，因此在当地传播更广，可以被更多的当地人看到。而且，它比国家统编教材更简单，更实用，更直接，也更接地气。比如，它会涉及当地的山川、河流、古迹，它会告诉你当地的道路何时形成、如何分布，同时，它还会告诉你哪块的区域物产更丰富等等。有了这些乡土知识的积累和掌握，人们才会在乡村中生活得更加方便。

其二，乡土教材提供的乡土知识可以指导外地人的本地实践。如果一位外来学者或是官员想要了解某地情况，除实地调研外,最重要、最简单的一手资料就是乡土教材。乡土教材所提供的人口、经济、历史、文化、物产等方面的知识,对于外地人研究本地社会经济发展,都会起到很重要的帮助作用。

八 为什么说编写乡土教材可以确保当地传统文化基因的永续传承？

一个国家的乡土教材不但能够最大限度地传递乡土知识，同时还可以很好地传承和保护当地的传统文化。乡土教材以书本为载体，将乡土内容全面而完美地呈现出来，不仅最大限度地保护了当地独有的传统文化基因，同时还能为学生们了解本土知识搭建重要平台，并通过这个平台为他们提供更为丰富的文化滋养。可能在不少人眼里，自己的家乡太过平常，似乎没有什么可歌可泣的东西。就像一句俗话说的那样："熟悉的地方没风景。"但事实是并非当地没什么"风景"，而是因为我们太过熟悉而忽略了身边的风景。记得一位哲人也说过这样一句话："是谁发现了水？我想那肯定不是鱼。因为鱼就生活在水里，它已经感知不到水的存在。"人们常说"一方水土养一方人"，乡土教材传递的正是这一方水土的知识。它会通过乡土教材告诉人们"这方水土"有什么特点，有什么优势，"这方水土"又是如何养育了我们，我们又当如何利用好这个优势，把自己的家乡建设得更好。这对留守家乡的同学们固然有用，对于那些虽远离故土但心里依然牵挂着故乡的游子们也依然有用。据我所知，许多地方的经济腾飞正是由身在外地的游子们推动的。

　　传统文化基因并不是一个空洞而抽象的概念，它体现在从民间文学到表演艺术，从工艺美术到工艺技术，从节日到仪式的方方面面。这些传统文化基因不仅凝聚着一个地区独特的民族精神、文化气质，同时，也展现着一个地区独特的眼光和独特的审美。只有将这些传统文化基因通过一张张剪纸、一幅幅年画、一则则民间故事、一出出小戏呈现在同学们面前，传统文化才会变得更加具体，更加生动，也更加有血有肉。同学们对中华文化的认同一定是在对家乡文化认同的基础上产生的，否则，爱国主义就会变成空中楼阁，变成一句空话。我们编写乡土教材的目的，就是要把我们的爱国变得更加具体化，更加具有可操作性。

九　为什么说编写乡土教材可以帮助我们传播乡土文化？

乡土教材既记载有属于本乡本土的自然遗产——如故乡的山、故乡的水，也记载有故乡的物质文化遗产——故乡的桥梁、故乡的建筑，同时还记载有故乡的传说故事、故乡的生产知识、故乡的生活知识、故乡的仪式和故乡的节日等等。也就是说，故乡看得见、摸得着的各种实物可以被乡土教材记载下来，看不见、摸不着的各种乡土知识与文化也能被乡土教材记载下来。于是乎，乡土教材也就为中国乡土文化的传播提供了重要平台。其次，乡土教材的定位是教科书，并且被纳入学校课程体系，而成为千千万万个青少年的必学内容。因此，这些包含在乡土教材中的文化，就会随着课本传给孩子，再由孩子传给自己的爸爸妈妈、爷爷奶奶、外公外婆。这样一来，不仅是有乡土教材的孩子们从教材中学到了乡土文化，没有教科书的大人们也会通过孩子之口了解到乡土文化，乡土文化正是这样实现了代际传承。我们认为，编写乡土教材既能帮助我们保存乡土文化，也能在保存乡土文化的基础上，实现乡土文化的有效传播。

十 为什么说编写乡土教材可以实现生活、教育的同步化？

什么是生活、教育的同步化？简单来说，就是教育来自生活，反映生活，并作用于生活。这种教育与应试教育的目标是完全不同的。就是说，我们所强调的生活教育更强调把教育的重心降到土地上，要跟学生的生活与成长直接关联，而不是远离学生十万八千里的空洞说教。

要想实现生活、教育的同步化，乡土教育必不可少。因为乡土教材本身即与学生的周围环境息息相关，它们来自学生家乡的一草一木、一山一水。学生们在学习乡土教材的同时，还可以结合生活实际，从自己的亲身经历和所见所闻中更加全面、更加深刻地了解自己家乡的历史以及历史上涌现出来的各种影响，了解自己周边的地理、生态环境以及由此而生产的种种物产，了解自己周边的风土人情，获取更多的人文知识。这正像我国著名教育家陶行知先生说过的那样，生活即教育，这句话用在乡土教材里那是何等的贴切！乡土教材的内容更加贴近生活，甚至可以说是触手可及。比如，同学们在乡土教材中看到了对家乡古迹的介绍，放学后，他就会绕上一圈儿，实地考察一下书中所述的文物古迹是个什么样子，因为书上所述内容就在自己身边；当乡土教材介绍到家乡的历史，他就会自然而然地去设想历史上的那场大战可能发生在哪里，历史上的那条河在今天的实际样子。当书本中的理论和实际中的生活相结合、相碰撞，同学们对乡土的印象才会变得更加具体，也更加深刻，我们的教育才会真正地走进学生的心间，融入到他们的内心世界，从而真正地实现生活、教育的同步化。

十一　为什么说编写乡土教材是促进本土知识快速普及的需要?

　　理论知识要想获得快速普及,最简单的办法就是把它们付诸实践。乡土教材中的本土知识也是如此。在书本上,它们是无声的文字,但我们很容易把它们转化成实践中的具体技能。因为乡土教材中的许多内容与学生们的日常生活是密不可分的。在学习过程中,学生们不仅可以获得对家乡的基本认识和了解,同时还能掌握与当地经济、文化相适应的生存技能。我国是个农业大国,一半以上的人口在农村。应该说,并不是所有的农村学生在接受完义务教育之后,都能有受到高等教育的机会,有很多学生最终都会回到农村、回到自己的家乡务农谋生。那么,他们谋生的本领又是什么呢?如果依靠自己在义务教育阶段的语文、数学、英语等教科书上所学到的知识来应付生计,显然是行不通的。因为这一阶段所学的知识,既缺乏专业性,也缺乏本土性,可以说,是一种宽泛的、不接地气的教育,很难解决毕业后学生们面对的问题。而乡土教材则可为他们打开一扇谋生的大门。因为不同的乡土教材会告诉学生,张三的故乡擅长编席,李四的故乡擅长漆器,王五的故乡最出绣娘,李六的故乡最出能工巧匠。当学生们从乡土教材中知道了故乡之长，他很可能会继承传承，并以此为生。因为一个地方的发展不会像太阳光芒四射那样，往哪个方向发展都可以。一般的规律是：它会顺着传统的延长线向前延伸。所以，能找到传统，特别是找到一个地方的优秀传统，无疑是非常重要的。而乡土教材会告诉我们这些地方最优秀的文化传统、技术传统和谋生传统。让传统生活知识与生产知识通过乡土教材普及开来，不仅可以让更多的学生掌握一门生存技能，同时还可以帮助当地政府安排毕业生快速地就业。

十二　为什么说编写乡土教材是记住乡愁的需要？

　　什么是"乡愁"？这个词语，一时半会儿很难给出具体的解释。现代著名诗人余光中先生曾写过这样一首有关乡愁的诗："小时候，乡愁是一枚小小的邮票，我在这头，母亲在那头；长大后，乡愁是一张窄窄的船票，我在这头，新娘在那头；后来啊，乡愁是一方矮矮的坟墓，我在外头，母亲在里头；而现在，乡愁是一湾浅浅的海峡，我在这头，大陆在那头。"在这首诗中，作者用了"邮票""船票""坟墓""海峡"这四个意象来代指乡愁：乡愁是一种情感，一种和家乡的一切人、事、物有关的情感。比如说，在乡里，我们最容易辨认的就是乡村小学，因为教室、旗杆、操场、围墙、标语，都是显著的标志。年复一年，学生们从校门中走出，有的回到土地，有的走向城市。学校教育给了这些乡村少年什么呢？我想，学校在教会学生知识的同时，同样也会给他们带来了情感上的触动。

　　在古代，人生的四大喜事之一，就是他乡遇故知；到现在，身在他乡的人们也会有"老乡见老乡，两眼泪汪汪"的经历。其实，不管是过去、现在，还是未来，中国人对家乡的情感亘古未变。无论身在何方，我们心里都忘不了自己生活的那个地方。飞黄腾达也好，落魄孤单也罢，家乡是我们心中永远的港湾。特别是对于漂泊异乡的人们来说，想起家乡，就会想到家乡的树木、家乡的小河、家乡的石桥、家乡的吃食和家乡的亲人。在乡土教材编写中，只要我们把情感落到实处，我们就会永远地记住属于自己的那份乡愁。

十三 为什么说编写乡土教材也是进行爱国主义教育的需要？

一提到爱国主义教育，如果我们只会讲故宫、长城、长江、黄河，那么，对于那些身处偏远的孩子们来说，会是那么的遥远，遥远得会像南极、北极一样陌生。反之，在现实生活中，他们可以看到家乡的山山水水，而这些山山水水在他们的书本中却从未出现，所以，"祖国"的概念在我们的教育中常常被架空。这就需要我们在编写乡土教材时，将祖国具体化，把家乡的山山水水、风土人情写进教材，让同学们从书本中，从家乡的山山水水、风土人情中，感受到祖国之美，从而使自己的故乡与自己的祖国联系在一起，让爱家乡成为爱祖国的重要组成部分。我们很难想象，一个连家乡都不爱的人又怎么会爱国？爱祖国，不是一句空话，它需要从爱家乡做起。我们的乡土教育，需要通过家乡的风景名胜，让学生们知道祖国山河的雄奇壮丽；通过家乡的文物古迹，让学生们感知祖国历史的悠久绵长；通过家乡的传统文化，让学生们感受到中华文化的博大精深……

但现在的问题是，随着城市化进程的不断加速，不少学生的乡土知识已严重缺失，对生他养他的那片土地以及在那片土地上耕耘的人们已经失去起码的眷恋。他们既不了解家乡的山山水水、风土人情,也不了解家乡的生产生活、人文典故,更不明白家乡的过去、现在和未来。家乡对于他们而言,可谓渐行渐远。俗话说:"爱国之道,始于一乡。"爱国是从爱乡开始的。倘若一个人对家乡尚且毫无感情,那又何谈爱国?乡土终归是国家的一部分,学生只有认识了自己脚下的土地,才能去了解更为广袤的土地。

真正的爱国,一定是从爱家乡开始的。

十四 为什么说编写乡土教材可以让更多的人关注到本地的文化遗产？

文化遗产又可分为物质文化遗产和非物质文化遗产两个大类。物质文化遗产就是我们所说的文物，由于它既"看得见"，也"摸得着"，所以又叫"有形文化遗产"。文物又可分为两类：一类是历史上保存下来的各种重要实物、艺术品、信札、文献、手稿、图书资料等小件文物，由于体量小，可以移动，故又被称为可移动文物；另一类是深宅大院、寺院庙宇、亭台楼榭，由于体量庞大，不可移动，故我们又称之为"不可移动文物"。而非物质文化遗产，则是指人类在历史上创造，并以活态形式原汁原味传承至今的、具有重要价值的表演艺术类、工艺技术类和节日仪式类传统文化事项。如本乡本土的老手艺、老技术、老剧目，以及当地每年一度上演的各种民俗活动等等，都属于非物质文化遗产范畴。

可以说，非物质文化遗产是一个地方最具代表性的地域标志性文化。一个地方最具代表性的民间文学、表演艺术、传统工艺美术、传统工艺技术、传统节日、传统仪式，无一不凝聚着祖先的智慧。而这些文化遗产是无形的，其中大多数我们也无法去触摸。但作为乡土教材的灵魂，我们如果在教材中将它们很好地呈现出来，这些非物质文化遗产就可以被大家了解并关注了。

其实，每个地方都有自己的物质文化遗产，比如，山西有平遥古城，江苏有苏州园林，西藏有布达拉宫，河南有安阳殷墟；同时，每个地方，也有自己的非物质文化遗产，比如，浙江有梁祝传说，贵州有苗族古歌，河北有西河大鼓，福建有悬丝木偶。但很多时候，我们往往会对身边的这些重要文化遗产视而不见，其实视而不见的一个重要原因，是我们对它们不够了解，我们不知道自己居住的福建土楼是世界上最大最棒的夯土建筑，我们也不知道我们每年都会参与的西和乞巧节是世界上保存最为完整的、最为古老的乞巧节，也不知道神垕镇上几位伯伯烧制的钧瓷是世界上最好看的钧瓷，代表了世界钧瓷烧造技艺的最高水平。要想让同学们从不了解变为了解，就需要我们在乡土教材编写过程中加入大量地方知识，并以此将一个地方最优秀的传统文化弘扬起来，让更多的人关注本地文化遗产，热爱本地文化遗产，让他们从小就知道当地最优秀的东西是什么，当地在中华文明的建设过程中，到底做出过怎样的贡献，并让由此而产生的文化自豪感伴随孩子终生，成为他们生活中最重要的动力来源。

四、理念篇

一 为什么说编写乡土教材的目的就是告诉孩子"我们家乡是个好地方"?

在编写乡土教材时,大家讨论的第一个问题就是我们的乡土教材到底应该写什么?写什么呢?正像一个人有优点,同时也会有缺点一样,我们的家乡在有优点、有优势的同时,也会有这样或是那样的缺点和不足。按理说,不论是优点,还是缺点,我们都应该客观公正地、毫无隐晦地把它们说出来。但是,在教育上,特别是在教育孩子这个问题上,我们还是应该充分考虑到孩子们的感受和孩子们的接受能力,有选择地把他们能够接受的东西,或是他们接受之后对他们的成长大有好处的东西告诉他们,也许这才是我们在编写内容的选择上应该充分考虑的问题。总之,在不违背客观事实的前提下,将故乡的"好"选出来、说出来,是乡土教材编选过程中我们必须遵循的基本原则。

二 乡土教材怎样才能把家乡的"好"说出来？

把家乡的"好"说出来，是我们编选乡土教材的基本原则。原则定了，那么，我们如何才能把家乡的"好"选出来、说出来呢？这倒是个难题。

家乡的"好"是多方面的。我们的任务就是将家乡的"好"，先分解开，然后一一介绍出来，孩子们自然也就知道了自己家乡的"好"到底是什么了。譬如：

（一）历史方面的"好"

在数千年的县域发展过程中，我们县影响了当地、全国乃至世界的重要历史人物（如毕昇）是谁？影响了当地、全国乃至整个世界的重要历史事件（如活字印刷）是什么？

（二）地理、资源与物产方面的"好"

我们县最独特、最优美的自然景观是什么？最独特、最丰富的自然资源是什么？我们县在矿产、物产以及特产等方面，对当地、全国乃至整个世界所做出的最大贡献是什么？

（三）文化传统方面的"好"

在文化方面，我们县最具特色的文化是什么（如陇东的血社火、陕北的威风锣鼓、凤翔泥塑)？什么文化(如戏曲、曲艺)源头在我们这里？

以此类推，我们家乡的"好"自然而然就选出来、说出来了。

三 乡土教材为什么只说自己家乡"好"？

现在需要我们回答的另一个问题出来了——为什么在乡土教材中我们只说自己的家乡"好"，而从不说我们的家乡"不好"呢？

道理也很简单——因为我们只要说祖先留给我们的东西"好"，这"好东西"就会为孩子们的学习、工作和做人提供光辉的榜样，同时也会为孩子们的锐意进取提供取之不竭的动力。这满满的正能量的挖掘，对于增强孩子们的自信心、自豪感显然是大有帮助的。这样的好事，我们何乐不为？相反，如果我们找到的都是"不好"的东西，孩子们就会在外人面前脸上无光，就会在自己发展进步的过程中失去前进的动力，甚至会因此而慢慢堕落下来。我想，这肯定不是我们编写乡土教材的初衷吧！

四 为什么说编写乡土教材的目的就是告诉孩子们爱祖国必须从爱家乡做起？

我们不得不承认，即便是一部再好的统编教材，也无法将一个民族历经几千年才积累下来的悠久历史、灿烂文明以及它深厚的文化内涵都统统呈现出来。还有，即便是一定要全面呈现，这种呈现也会因缺少血肉而变得苍白无力。那么，我们如何才能处理好有限的篇幅与无尽的中华文明这对矛盾呢？早在100年前，人们就想到了乡土教材。当时的先贤们的想法很简单——要想爱国，就要从爱家乡做起。通过乡土教育，通过孩子们身边的人和事，让孩子们知道中华文明是多么的伟大、多么的博大精深。所以，他们的口号是：爱祖先，就要从热爱自己的祖先做起；爱国土，就要从热爱自己的故土做起；爱人民，就要从热爱自己的家乡父老做起；爱传统，就要从热爱自己的本乡本土的乡土文化做起。他们相信，一个热爱乡土的人，一定会热爱自己的国家，热爱自己的人民。而今天我们编写乡土教材的一个重要目的，就是要通过爱家乡，进一步激发起孩子们高昂的爱国热情。

五 为什么说乡土教材的本质就是明确告诉孩子"一方水土养一方人"的道理？

乡土教材的编写目的，就是通过所在地历史、文化与各种自然资源的介绍，加深孩子们对乡土文化的理解。但只做到这一点是远远不够的，还需要我们通过更系统、更理性的分析，说出产生这种文化的原因和道理，即不但要让孩子们"知其然"，同时还要让他们"知其所以然"。这便涉及了如何讲出"一方水土养一方人"的道理的重要性。

在编写乡土教材时，我们除了要重点介绍所在地的各种历史文化事项外，还应集中笔墨，将这些历史文化现象产生的原因告诉同学们。譬如，历史上的大同素以铜火锅的制造闻名于世。为什么这里的铜火锅制造业会如此发达？原因很简单——这里蕴藏有丰富的各种矿物质资源：

（1）这里丰富的铜矿资源，为这里青铜制造业的兴起，提供了丰富而廉价的原料资源；

（2）这里丰富的煤炭资源，为青铜制造业提供了优质且廉价的燃料资源；

（3）近在咫尺的喜欢青铜器用具的蒙古族，以及内地庞大而多金的汉民族消费群体，又为青铜制造产业的发展，提供了稳定的销售渠道，从而缔造了大同铜产业的辉煌，而这也应验了"一方水土养一方人"的道理。

在四川阿坝藏族自治州乡土教材中，当地藏民与羌人居住的碉楼是不能不做重点介绍的。建造碉楼所用原料并不是树木，而是当地荒原上随处可见的成堆的片石。这种片石经相互咬合可以使碉楼变得无比坚固，即或遇有大震，也会岿然不动。当然，碉楼也有它的短板——许多碉楼会因老鼠在石缝间的盗洞而引发碉楼的垮塌与变形。为避免上述问题，聪明的藏族人会在填充片石缝隙的泥土中混入带刺的荆棘，逼迫老鼠不敢随意盗洞。现在问题来了：

（1）为什么碉楼会建得高高大大，这是因为历史上这里战争频仍，高大的碉楼，本身就能起到很好的防御作用；

（2）为什么建筑材料只有片石与黄土，因为这里缺少植被，而遍布荒原的片石和取之不尽，用之不竭的黄土，便成了碉楼建造的唯一资源；

（3）为什么碉楼都要建成下宽上窄的样子，这是因为上窄下宽的造型更容易起到泄风、抗震的效果，这在多风多震的阿坝地区显然是十分必要的。

由此不难看出，一种建筑样式的产生总与当地所能提供的物产密切相关，总与当地的自然环境密切相关，也总与当地的人文环境密切相关。这一点和缺少木材的黄土高原只能靠挖窑洞建房是一个道理。

我们在乡土教材中讲透"一方水土养一方人"的道理，目的就是培养孩子们分析问题、解决问题的能力，而这对于还不大会思考问题的孩子们来说，显然是十分重要的。

六 为什么说编写乡土教材一定要谨遵科学性写作原则?

所谓"科学性原则",就是要求教材编写者在乡土教材内容的选取上,一定要是科学合理的,让同学们通过学习,能够认识并掌握事物的本质及其发展规律,而不是被表面现象所迷惑。譬如,我们要让同学们知道,只要一看到当地的物产及其产业传统,我们基本上就能判断出一个地方的地方传统与产业走向。因为一个地方的发展,不会像太阳光芒四射那样,往哪个方向发展都可以。作为规律,它多半会沿着传统的延长线向前发展,所以,知道当地的传统,就很容易判断出一个地方的未来走向。这就是规律。

科学性原则,不仅仅是观点的科学、观点的正确,同时也包括我们选取例子的科学和正确。如果我们所举事例不能说明我们的观点,同样无法实现以理服人的目的。这就要求我们在编写乡土教材的过程中,一定要做到概念准确、材料可信、数据可靠,千万不能胡编乱造、把道听途说的"知识"当作科学来普及。

七 为什么说编写乡土教材一定要谨遵实用性写作原则？

我们所说的"实用性原则",是指乡土教材在编写过程中,一定要做到理论联系实际,即教材内容的选取一定要具备典型性、代表性,让学生们通过学习能够学以致用,把自己的所学用于自己的实际生活和生产实践中。要想实现这一目的,我们在编写乡土教材时,就必须做到所选内容贴近他们的生活,而不是远离他们的生活。也就是说,我们选取的内容,最好就在学生的身边,同时也是他们最关心、最关注的。这样做的目的,一方面是方便同学们的验证,同时也有利于同学们乡土观念的培养。譬如给生活在沙漠中的同学们讲"防风固沙",就要结合实际,总结出几种防风固沙的方法,如设置沙障法(草方格沙障、立体沙障、黏土沙障)、栽种沙生植物法等等。最重要的是把为什么这么做的原因告诉大家,从而产生举一反三的效果。如栽种沙柳的目的,就是利用骄阳下沙柳滴落在树下的树油,使树下的沙土板结在一起,从而起到防风固沙的作用。

八 为什么说编写乡土教材一定要谨遵系统性写作原则?

所谓"系统性原则",是指在乡土教材的编写过程中,一定要通过一系列的策划,将事物与事物间的逻辑关系呈现出来。如在喀斯特地区,由于常年干旱,很多地方并不适合农业生产,原因是只要天降甘霖,雨水就会顺着地下河流走。那么,当地的农民是怎么解决这个问题的呢?他们的办法是:先种葛根,后种树木或庄稼。葛根扎根极深,浅者几米,深者十几米甚至几十米,所以即使再旱,葛根也能吸收到足够的水分。待葛根长到一定程度,它那硕大的叶子就会遮挡住地面并使地面变得湿润起来。这时,我们再在葛根地里种植树木、庄稼,就再也用不着担心干旱了。这也就是为什么喀斯特地区的农民在种地的时候,一定要先种葛根再种树木或庄稼的一个十分重要的原因。

反之,如果我们不是系统介绍喀斯特地区地质与农作物的关系,同学们就很难弄清喀斯特地区农作物的种植规律。由此,不难看出,在乡土教材的编写上,系统的介绍是多么的重要。

九 为什么说编写乡土教材一定要谨遵条理性写作原则?

乡土教材的教育对象是学生,为了让在现实生活中会显得杂乱无章的各种各样的文化事项,在同学们的脑海里逐渐清晰起来,教材在编写过程中的条理性便显得十分重要。也就是说,我们一定要从乱麻一样的现实生活中,将生活中发现的规律,一条一条地梳理出来,让同学们"看得懂""用得上"。如居住在喀斯特地区的农民为什么喜欢种植葛根呢?原因有三:

(一)种植葛根可以涵养土壤中的水分,只要种上葛根,土地就会变得湿润,以后再种什么,庄稼都能成活。

(二)种植葛根不用交税。历史上,农民只要种庄稼,都是需要交税的;但种葛根,因为深埋地下,无法统计产量,所以可以不交税。

(三)种植葛根不怕土匪来抢。葛根是种在地下的,要想挖出来很难。所以,即或土匪知道家里种了葛根,也不会去挖,葛根也就成了躲避土匪的"救命粮"。

从上面的例子可以看出,从杂乱无章的现实中总结出一些规律性的东西,对于同学们的学习和掌握是多么的重要。

十 为什么说编写乡土教材一定要谨遵可读性写作原则？

"可读性写作原则"是乡土教材必须谨遵的一项非常重要的原则，也是我们对乡土教材编写者提出的一个重要要求。我们不要将乡土教材做成晦涩难懂的高深教材，而是要做成一本通俗易懂的普及读物。这就要求我们在乡土教材的编写过程中一定要做到深入浅出、通俗易懂；一定要学会举例子、讲故事，把复杂的道理简单化，让孩子们"看得懂""学得会""用得上"。举个例子来说，要想把造纸术的价值说明白并不是一件很容易的事；但是，我们用两个故事、两个例子也许就能把它的价值通俗易懂地说出来。

先说说造纸术发明对耒阳的影响。由于耒阳的蔡伦发明了造纸，耒阳便成了中国造纸术的发源地，在中国科技史上就占有了重要的一席之地。

再说说造纸术对中国的影响。造纸术发明之后，中国的文明得到了更加快捷的传播。在纸张产生之前，人们只能在竹简上刻字，就是中国最有名的文学家，也不过就是"才富五车"。这么算下来，成果也不是特别的多。但自从有了纸这种轻薄且便于书写、便于携带、便于传播的新文字载体的出现，中国文学、艺术、科学、技术迅速发展起来，并且得到了飞速的传播。中国之所以在历史上一直处于世界排头兵的位置，可以说，纸的发明起到了非常重要的作用。

最后说说造纸术对世界的影响。中国造纸术在发明不久之后，便东传到了朝鲜和越南，7世纪传入日本，8世纪后西传，并进入撒马尔罕——也就是后来的阿拉伯地区，接着又传入巴格达。10世纪的时候，造纸术传入大马士革、开罗和摩洛哥；12世纪传入西班牙，再由西班牙传到法国；13世纪传到意大利，进入意大利后，造纸术得到迅速普及，因此，意大利成了当时欧洲造纸术传播的重要基地。此后，这里的造纸技术又传到了英国。16世纪造纸术传入瑞典，到了17世纪，欧洲的主要国家都有了自己的造纸产业。美洲是造纸术传入较晚的地区。这里的造纸产业是西班牙人移居墨西哥后引进的。到了19世纪，中国的造纸术已传遍五大洲各国。

造纸术在世界上的广泛传播引发了人类文化史上的一场翻天覆地的革命，无论如何评价都不为过，而这个现象级文化现象产生的源头，居然就在中国版图上都很难找到的东汉古城洛阳。

十一 为什么编写乡土教材一定要遵循适龄性原则?

"适龄性"原则是指我们在编写乡土教材时,一定要充分了解学生们,根据不同年龄段,编写适合其年龄段的教材。这就要求我们在安排教材内容和结构设计时,要充分考虑到各年龄段学生们的接受能力,做到由浅入深,循序渐进,螺旋上升,一步一个台阶地让学生们乐于接受。例如,我们在小学乡土教材内容的安排上,低年级阶段要以介绍学生们身边的美景与自然风光为主,外加一些通俗易懂的小故事,以吸引学生们的注意力。因为对于刚入学的,还处于一二年级阶段的儿童来说,爱玩、好动,识字量很少,注意力不长久是他们的特点,所以,在给这一年龄段的学生们编写乡土教材时,每一篇课文在篇幅上都不能太长,有时甚至还需要注音版文字,并配以大量插图,尽量做到简单清晰,图文并茂,让学生们一目了然,爱不释手。可以说,如何使小学低年级学生对读书不至于产生太大压力,并能维系住他们对乡土教材的兴趣,是我们需要考虑的最主要的问题。到了三年级以后,随着学生们年龄的增长,认知能力的提高,教材中文字的数量可适当增加,而且内容也应逐渐深入。从最初让学生直观欣赏美景、以趣味性为主,逐渐向让学生了解当地历史、宗教、文化,以知识性为主过渡。

如果把"什么年龄干什么事儿"放在乡土教材的编写上,我们在编写乡土教材时,就应该根据接受者的接受程度来编写乡土教材,这就是我们常说的"适龄性"原则。

十二 乡土教材在编写时如何才能体现出地方特色?

地方特色是乡土教材的基本特色。这也是和国家统编教材相比,乡土教材所具有的最大特点。地方特色不是从天上掉下来的,是乡土教材编写工作者们挖掘出来的。

什么叫"地方特色"?所谓"地方特色",就是最能代表当地特点,最能体现当地风格的,只属于这个地方所独有的东西,也是那些最能让生于斯、长于斯的人们自豪和铭记的东西。

地方特色也叫"地域标志性文化"。譬如我们拍电影,镜头里是满目的青山,我们肯定不知道这是什么地方。但镜头一边摇,一边沂蒙小调响起,我们就知道这是山东沂蒙;如果是信天游响起,我们就知道这是陕北;如果十二木卡姆响起,我们便知道这是到了新疆。而这《沂蒙小调》《信天游》《十二木卡姆》就是我们所说的地方特色。地方特色不是某个人创造的,它一定是许许多多的人共同创造的,是被许许多多的人认同的,所以,我们才能将其称为"地方特色"。乡土教材选取对象的最大特点,就是只选取最有地方特点的地方文化进行宣传和介绍。这也是乡土教材与统编教材最不一样的地方。

总之,强调"在地性"是乡土教材的最大特点。正因如此,我们选取的不是全国的历史,而是当地的历史;不是全国的地理,而是当地的地理;不是全国的传统文化,而是当地的传统文化。只有抓住地方特色,我们才能让同学们清楚"我是谁"、"我从哪里来"和"我到哪里去",才能让同学们在芸芸众生中找到自己,找到自己的长处,在找到自己的源头的同时,找到自己的未来与出路。

当然,强调"在地性",并不是培养孩子们狭隘的"乡土观念",更不是让他们成为毫无眼界的井底之蛙。所以,在介绍乡土时,一定要把身边的"小历史"与整个民族甚至整个人类的"大历史"结合起来,让孩子们从中能感受到家乡对国家乃至人类所做出的重要贡献。譬如湖南耒阳在编写乡土教材时,不仅要介绍蔡伦,还要介绍蔡伦对于中华文明乃至世界文明所做出的重要贡献。

十三 乡土教材在编写时如何才能体现出民族特色?

乡土教材的编写应该强调和突出民族特色,特别是在少数民族地区,应当针对当地各少数民族的文化背景和差异,选取合适的素材和案例,对教学内容进行整合,将民族文化知识系统恰当地融入到课本之中,或者设置有关民族文化的专门课程。以新疆维吾尔自治区为例,作为少数民族聚居区,新疆部分区域分布着大量精美的岩画,它们展现着本民族人民的生存环境、生活方式、原始信仰以及审美情趣等,这些均可作为乡土教材的内容。此外,刺绣、织毯等工艺美术就地取材、注重传统文化特色,将它们编入乡土教材,不仅可以丰富学生的校园文化生活,对于培养学生的动手操作能力也有着积极的意义;再者,民间舞蹈、传统音乐等表演艺术,也应进入乡土教材。这样一来,首先,通过乡土教材这一载体,学校可以将各个少数民族优秀的传统文化知识、地域文化知识纳入到课程中,让各民族同学知道本民族最优秀的文化传统是什么,从而增强自己民族自信心;其次,通过优秀文化的弘扬,让学生从小就自觉抵制狭隘愚昧的落后文化,并建立起保护本民族优秀传统文化的自觉性。最后,在乡土教材中突出民族性,还可以促进各民族之间相互了解、相互欣赏,从而促进民族团结、社会稳定。

十四 乡土教材在编写时如何才能适合教学需要？

乡土教材在编写完成后，最终是要投入到教学中去，让学生学，让老师教的，只有这样，才能从根本上实现编写乡土教材的意义。因此，适合教学需要是我们编写乡土教材时必须要认真思考的一个问题。

那么，如何才能让编写出来的乡土教材更适合教学所需呢？我们认为，在乡土教材的编写过程中，至少有两点必须做到。

其一，教材的内容必须与孩子们的实际生活相结合，或者说，理论必须与实践相结合。乡土教材的编写要更接地气，编写的内容要尽量选择一些与同学们相关的，甚至是可以让同学们参与的内容。比如，甘肃、青海、宁夏等地编写乡土教材时，就一定要加入一些与"花儿"相关的内容，甚至可以安排一些教同学们唱"花儿"、跳"花儿"的内容，让书本上的知识鲜活起来。事实证明，只有理论与实践相结合，同学们才会学得更好、记得更牢，才会把书本上的知识转化为自己的行动，从而把传统原汁原味地继承下来，并传承下去。

其二，内容应该更综合。任何一个地方的文化都是多元的，故而在编写乡土教材时，也应该考虑到文化的多样性，既在介绍某地标志性文化的同时，也应注意到对其他文化的介绍，特别是在多民族聚集地区，这一点非常重要。譬如黔东南在编写乡土教材的时候，如果我们在民歌方面已经介绍了侗族大歌，那么，在介绍舞蹈的时候就应该多介绍些苗族舞蹈，介绍苗族刺绣时，还要想着水族马尾绣。因为任何一个地方的乡土知识都是一个综合体，只有立足整体，我们才能更好地理解其中每个民族的特点。也只有这样，同学们才能更好地、更为全面地了解自己的家乡，才能以更加开阔的胸怀、容纳百川的心态看待一切文明。

十五 乡土教材在编写时如何才能确保选材的准确性?

乡土教材在编写的过程中,选择什么样的内容是影响教材质量,也是能否体现编写意义的最重要的环节。那么,在内容的选择上,我们首先要确保的,就是内容的正确性。选择正确的内容就像我们系扣子一样,如果第一个扣子就系错了,那么之后就会一错到底。同样地,如果在教材中我们编入了错误的内容,把他乡的特色说成是家乡的特色,比如说,我们若是把北京的故宫编进南京的乡土教材,把山东的沂蒙小调编入广东的乡土教材,选入了错误的信息,就会导致学生们从小就产生错误的认识,错误的内容介绍得越多、介绍得越好,对学生的误导也就越大。这样一来,学生们最初从书本上接触到的家乡就会变得面目全非,误把他乡当故乡,又何来乡土认同呢?不仅完全错误的知识不能选入教材,疑似的、不确定的、传闻性的,还处于争论阶段的知识也不能选入乡土教材,常言道"有一分证据说一分话",编写乡土教材也是一样的。教材的内容必须内容正确,证据充分,经得起检验,那么这就需要乡土教材的编写团队在编教材之前去文化馆等地查阅相关材料,再结合自己的实际调研,在内容的选取上慎之又慎,严谨认真,容不得半点马虎,确保乡土教材内容的正确性。

十六 乡土教材在编写时如何才能确保选材的代表性?

因为乡土内容涉及面较宽,涉及范围也很广,但乡土教材毕竟是一种教科书,它的容量是有限的,教材所安排的课时也是有数的。因此,对乡土教材中乡土内容的呈现,不必做到事无巨细、毫无遗漏,我们只需选取代表性的、典型性的乡土知识,让学生在有限的时间内,了解本乡本土的精华即可。

在乡土教材中选取代表性的、典型性的乡土知识,一方面可以确保教材的通俗易懂,另一方面也可以做到重点突出,有的放矢。例如,民国时期有的乡土教材之所以枯燥乏味,原因就在于它完全借用了乡土志的写法,将当地的历史从头到尾细细梳理,将当地的先贤全部一一介绍,不管是不是有代表性,通通采用眉毛胡子一把抓的方法。但学生们的时间是有限的,不可能把所有的时间都用来学习乡土教材。往往更多时候,学生花费了时间,却没有学到最重要、最能代表当地特色的知识。这样一来,乡土教材很多时候就会被束之高阁,无人问津了。另外,每个地方的特色是不一样的,例如,有的地方出名人,那么该地的名人事迹就是乡土教材编写的重点；有的地方是歌舞之乡，其他内容比较贫乏，那么歌舞就应该是该地乡土教材编写的重点，至于其他的部分可以适当精简。因为只要最能代表该地的文化精华呈现出来了，我们的乡土教材就可以说做到了"不忘初心"。

十七 乡土教材在编写时如何设计课上的实践环节？

与国家统编教材不同，乡土教材除了理论课程的教学内容外，还要加入一部分实践环节，让同学们通过实践，进一步增强对乡土文化的认识。实践大致可以分为课上实践与课下实践两个部分。下面先让我们探讨一下课上实践内容的设计。

课上实践主要包括两大部分，一部分是手工实践，另一部分是表演实践。

（一）手工实践。每个地方都有每个地方的民间美术，这也是乡土教材介绍的重点。但只是进行系统的罗列是远远不够的，必要时，还要安排学生进行一定的手工实践，从而进一步增强同学们对于乡土文化的感知力。譬如在乡土教学中，我们在介绍了本乡本土的剪纸艺术之后，老师便可组织一次由同学们亲自动手的剪纸课，让同学们通过剪纸实践，深入地了解当地剪纸的艺术特点、主要手法以及主要纹样。如果这里历史上生产泥人，我们就可以组织学生学习泥人的制作技术，并把其中的主要环节记录下来，从而加深孩子们对于本乡本土泥人制作技术的理解。

（二）表演实践。如果在乡土教学中我们讲到民歌，老师同样可以组织同学们学习并演唱当地民歌。同时,也可以通过布置作业的形式,让同学们搜集到更多的当地民歌。这种课上实践,必要时可以和非遗进校园活动结合起来,通过课堂实践,增强同学们的动手能力,并以此加深同学们对于乡土文化的热爱。

需要特别指出的是,无论是课上实践,还是课下实践,都是乡土教学的理论延伸,而不是简单的重复和说明,所以,好的课上实践都应该在课堂教学的基础上更进一步。譬如课上教学,我们只讲到了本地泥人的制作,我们在实践环节不但要让同学们通过实践知道泥人怎样做,同时,还可以通过上网搜索,让同学们知道当地泥人制作史、泥人制作的翻模工艺以及配色原理等等。同样,我们在民歌的教学过程中,除了让同学们学会若干首民歌外,还应该让他们对本地民歌的特点等有所了解。

十八　在乡土教材的编写过程中如何设计孩子们的课下实践？

只要涉及乡土教学，课下实践同样必不可少。与课上实践不同，课下实践内容会更加丰富、延展性会更强。原因很简单——乡土教材讲的就是乡土，不接触乡土，不深入乡土，乡土教学就很难做到事半功倍。

对于乡土教材的社会实践部分，可以涉及历史、地理、资源、文化等方方面面。

（一）历史部分的延伸学习与田野实践

我们可以通过地方志等典籍的阅读、专家讲座和文物、遗址的考察，来带领学生了解当地的历史变迁，最好通过当地历史发展脉络图，展示当地历史的整个发展过程，从而加大他们对当地历史知识了解的纵深感。

（二）地理资源部分的延伸学习与田野实践

我们可以带着学生实地考察了解当地的地理环境和物产资源，并由此深化我们对地理资源与当地物产、特产关系的理解，明白"一方水土养一方人"的道理。同时，我们还可以站在当代科技的高度，从当代高科技、绿色环保等多个方面，聊聊本地的地理资源，在当代科技创新过程中，发挥着怎样的作用、做出了怎样的贡献。

（三）表演艺术部分的延伸学习与田野实践

每个地方都有每个地方的表演艺术，它既包括民间文学，也包括戏曲、曲艺、杂技等各种各样的传统表演艺术形式。同学们可以通过名家讲座及网上资料的搜集，特别是地方戏等的演出，重点了解当地地方戏与当地方言、民歌、舞蹈以及服饰等的关系。

（四）传统工艺美术部分的延伸学习与田野实践

通过查阅资料和田野调查，弄清本地传统工艺美术的基本类型，并就这些传统工艺美术类型或是其中某一类型的发展源流进行简单的梳理，对这些工艺美术的主要特征加以详细地说明。这些调研成果应该以报告书的形式呈递上来，目的是锻炼同学们的田野调查能力、记录整理能力、分析和解决问题能力。实战能力一直是孩子们的短板，我们要通过这些能力的培养，增强孩子们的实操能力、实战能力。

（五）传统工艺技术部分的延伸学习与田野实践

各地都有自己的工艺技术，比如在传统生产活动中，农、林、牧、副、渔各行各业都有自己的工艺技术；在传统生活中，无论是衣食住行，还是中医中药，也都有自己的工艺技术。如果可能，同学们可以通过集体讨论，集中探讨一下当地具有很高技术含量的传统生产知识与传统生活知识。如陕北人挖窑洞的技术、山西人挖旱井的技术、东北人挖菜窖的技术、民间老中医拔牙和治疗腰腿疼的技术等等，只要是绝活儿，都可以挖掘。如果可能，还可以与当地非遗中心一道，帮助他们申报非物质文化遗产。

（六）传统节日部分的延伸学习与田野实践

乡土教材会涉及许多当地传统节日与仪式方面的内容。传统节日的延伸学习可以通过同学们向家长请教，然后独立完成小论文写作的方式来完成。如果是对单一节日的介绍，重点可放在某节日的来源与这个节日的主要内容的介绍上。如果是对众多节日的研究，则可以从该传统节日在传承一个民族优秀的饮食文化、服饰文化、表演艺术，以及在传承一个民族的民族精神与优秀的传统道德等方面，谈谈保护传统节日的价值。

（七）传统庙会或仪式部分的延伸学习与田野实践

每个地方都有传统庙会，也有许多与人生礼仪相关的各种仪式，如小孩的出生礼、成年礼、婚礼、丧礼、生日等等。如果是单一庙会或仪式的介绍，重点可以放在这些庙会的来源与这些庙会及其仪式的主要内容的介绍上。如果是对庙会进行研究，则可以从这些庙会或仪式所表现出来的民族精神等角度，重点挖掘一下这些传统庙会和仪式的社会价值。

总之，由于课时分配有限，我们建议乡土教材在编写时，有些内容可以点到为止，更多的情况是鼓励同学们的课下调查，或是对当地传统民俗活动的主动参与。直接参与到当地的民俗活动中来，才能对当地文化有更深的了解，才是对当地文化的最好的传承。

当然，要想让同学们在课外活动与田野调查过程中能够收获更多，就需要指导教师在活动之前做出更多的、更系统的课程设计。如在传统村落调查之前，指导教师就可以让同学们事先下载本村地图并打印出来，然后通过村落调查，让同学们在这张地图上将本村的上水系统、下水系统、交通系统、通信系统、保安系统、信仰系统、教育系统等都明确地标注出来，从而使同学们对自己所在的传统村落，能有一个更系统、更全面的了解。不用说，这样的在理论指导下的调查会让同学们受益终身。

十九　乡土教材在编写时为什么要构建评价体系?

目前，我国乡土教材的评价体系还不完善，尚未形成一整套完整的评价指标和方案。体系的不完善表现在以下两方面。其一，是在教材发行之前，乡土教材的评价主要在编辑使用之前的审定上，且审定机构是省级教育主管部门，缺乏统一的标准，更重要的是，乡土教材在编辑出版之后，使用情况究竟怎么样，使用效果究竟如何，以及对学生的发展会具体产生什么样的影响，这些问题在审定之前都很难考虑周全。其二，是在教材发行之后，一旦审定通过，就表示教材可用，但很多实际问题是在教材发行使用之后，经过实际检验之后才能暴露出来，当这些问题出现后，却缺乏改进的方案。

由于在教材使用前和使用后的评价体系和评价标准尚未建立，这就导致了乡土教材在使用过程中的指导、监督作用无法发挥。通常的情况是，只要乡土教材的编写完成了，通过发行前教育行政部门的审核了，教材评价的工作就结束了。我们说，乡土教材在发行前的指导和审核固然必不可少，但乡土教材在使用后的反思、评价和总结更是不可或缺，因为，在乡土教材的编写上，我们所积累的经验远不如统编教材成熟，所以关于乡土教材的一整套完善的评价体系亟待建立。

笔者认为，要想构建乡土教材专门的评价体系，应该从以下几个方面入手。

首先，听取师生的意见。乡土教材的评价体系应该是全方位的、立体的，评价的主体也应该是多元的。除了要有上级教育行政部门的评定审核外，还要特别关注学生和教师在使用过程中对乡土教材的反映，就是说，评价的过程应该从乡土教材的内容本身上升到乡土教材的使用过程和应用效果上，以此来构建从教材内容到使用过程，再到应用效果这三种立体的评价体系。

其次，设立评价体系。对于评价效果良好的乡土教材应该给予当地政府和学校一定的奖励，把他们当作模板和案例，向全国推广；对于评价效果不好的乡土教材应给予批评，要求当地相关部门及时改进。这样一来，通过设立乡土教材评价体系的方式，就达到了教材优胜劣汰的目的，同时确保了乡土教材的质量，推动了乡土教材的发展。

二十 乡土教材在编写时为什么要处理好"家乡"和"国家"之间的关系？

乡土教材宣传的是对本乡本土的敬意和感恩，那么我们在编写教材时，不妨将站位点放得更高一些，即在强调家乡的地位时，不忽视国家的地位，在培养学生爱乡意识时，也不要忘了让学生懂得爱国。因为如果一味强调家乡，而置国家于不顾，那么就会加深不同地区和民族间的误解。我们在前面的内容中说到，乡土教材发展最早的国家是德国和日本，德国和日本在发展中，其中一个不足就是乡土教材将地方的作用无限夸大，最后发展成了一种民族极端主义。他们已经给我们提供了前车之鉴，所以我国在21世纪初，将乡土教材纳入到了国家的三级课程管理体系中的这一做法，也是在从政策上避免乡土教材走向地方极端化道路的一种手段。因此，我们现在在编写教材时，也要将爱家与爱国相结合，就是说，我们的乡土教材在培养学生爱家庭、爱家乡的时候，也要从地方情上升到民族情和国家情上面去。

正如在歌曲《国家》中唱的那样，"家是最小国，国是千万家"，家和国不可分割，爱家也爱国，只有这样，乡土教材在未来的发展中，才会迎来更加广阔的空间。

二十一 乡土教材在编写时为什么要处理好"家乡"和"他乡"之间的关系？

在中国这片辽阔的地域上，有23个省、4个直辖市、5个自治区以及2个特别行政区，还包括有56个民族。那么每个地区、每个民族的地理、历史、文化等都各不相同，甚至可以说是千差万别的。比如，南方以食米为主，北方面食居多，东部雨多湿润，东北风大干燥等，因为乡土教材有地方性的特点，所以它必然反映的是本地方的内容。但是，如果过于保守和狭隘，只肯定家乡特色，排斥甚至打击他乡特色，那么乡土教材的发展就会变得畸形和扭曲。忽略、抹黑他乡也会让自己的视野变得局限，最终是得不偿失的。比如，清末国学保存会编写的中国最早的乡土教科书最后之所以未能通过清政府的审核，就是因为编写者们排满兴汉，让乡土教材也带入了这种民族对立的思想。

正如费孝通先生在自己80岁寿辰聚会上提出的那样，各美其美，美人之美，美美与共，天下大同。我们既要欣赏自己的美，也要欣赏他人的美，最后将欣赏自己的美和欣赏他人的美结合起来，就可以达到天下大同的局面。乡土教材的编写也是如此，各地都有自己的地域特色和文化精华，我们在编写乡土教材时,既要宣传自己家乡的特色,也不能打压其他地方的特色,比如,藏族地区在编写乡土教材时,会介绍《格萨尔王》的内容,但在赞美《格萨尔王》的时候,就绝对不能抨击柯尔克孜族的《玛纳斯》和蒙古族的《江格尔》,因为这三部英雄史诗虽然属于不同的民族,却都是我国少数民族优秀的非物质文化遗产。

一花独放不是春,百花齐放春满园,乡土教材在介绍家乡的时候,不应贬低或者批判他乡,只有学会尊重,学会包容,才能迎来各地乡土教材百花齐放的美好春天。

二十二 乡土教材在编写时为什么要处理好"我国"和"他国"之间的关系？

乡土教材是一种具有本土性、地方性特色的产物，重视和保存本土文化，是乡土教材在编写时需要牢牢坚守的底线。在这一底线之上，乡土教材的编写还应该具有国际视野，就是说，教材在编写时，可以适当参考和借鉴外国乡土教材编写的先进经验，即处理好"我国"与"他国"之间的关系，做到"取其精华，为我所用"。

因为我国的乡土教材从产生之初，一直都受到了外国的影响。比如，清末乡土教材均是在借鉴德国和日本的基础上进行编写的。可以说，乡土教材在最初就一直是具有国际视野的。因而，在100多年后的今天，我们再继续编写乡土教材时，视野依然不应太过于局限，在教材的编写和组织形式，以及内容的选取和设计上，依然可以借鉴国外的先进经验，并将这些先进经验本土化，做到更好地适应我国的教学需要，更加符合我国学生们的心理和思维特点。

总之，国外在乡土教材的编写上的成功经验，我们要学习，失败教训，我们也要避免，正如有句话说的那样

"民族的,才是世界的",正确处理好"我国"和"他国"之间的关系,是顺应整个时代和社会发展的必然趋势,也是推动中国的乡土教材屹立于民族之林、走向世界的必经之路。

二十三 乡土教材在编写时如何才能组织起一批优秀的编写人才？

编写乡土教材，各级教育行政主管部门一直是这项工作的主导力量。地方教育行政部门组织编写乡土教材，固然有其优势的一面。由官方组织、主导，一是可以兼顾到本乡本土的更多地方，调动更多的人力资源、物力资源和财力资源，二是可以为我们收集到更多更好的资料提供方便，也就从根本上避免了由个人或是其他学校自行编辑乡土教材时出现的观点各异、资料不全、水平参差不齐等一系列问题，从而确保了乡土教材的编写质量。

但是，乡土教材作为一种非常特殊的教科书，完全由地方教育行政主管部门的参与是远远不够的。因为地方教育行政部门中的很多人并不都是当地人，对当地情况并不了解，而且，教育行政主管部门公务繁杂，很难有充足的时间进行实地调查。如果乡土教材由这样一支队伍编写，质量是很难得到保障的。

作为经验，各地在编写乡土教材时，通常都需要成立专门的编写委员会，并将熟悉本地情况的各类专家悉数邀请到编写团队中来。这些专家通常包括当地的图书馆馆长、县志办主任、文化馆馆长，特别是在文化教育战线上工作多年且有丰富实战经验的专家，或是具有丰富教学经验和写作能力的当地教师，以及当地非遗传承人等等。

在乡土教材编写队伍的组建上，政府可以出台相关政策，积极实现学校、社区、政府、专家及民间组织的多方参与，通过整合各种资源，建立起多方参与的写作团队。

二十四 乡土教材在编写时如何才能优化写作班子的组织形式？

乡土教材能否顺利实施，教师起着重要的作用。可以说，教师是教材与学生之间的重要媒介。教师本身的乡土意识增强了，那么在平时授课过程中就会将乡土知识融入到教学之中，学生在潜移默化中接受了乡土文化的熏陶，加强了对乡土历史的认识，才能更好地学到乡土教材中的核心内容。因此，优先建设一支合格的、适应时代发展的师资队伍，是一个学校能否成功完成乡土教材开发与实施的关键。

鉴于教授乡土教材的专业教师缺乏这一问题，笔者认为，可以从两方面考虑。一方面是从教师的师范教育入手，在师范院校的课程设置上，增加乡土教学和研究的相关内容，将乡土意识融入到教师教育的课程体系中去；另一方面是学校可以采用"请进来和走出去"相结合的办法，"请进来"即为请校外教育机构熟悉该领域的老师，或是民间艺人、能工巧匠、本地传承人等进入学校授课。因为他们有着丰富的实际经验，所以更能引起学生的共鸣。如在讲关于民族团结的内容时，可以请身边的民族团结先进个人来到学校，让他们结合发生在自己身上的真实案例，为学生们讲述民族团结的重要性；在讲国家级非物质文化遗产、哈萨克族的民间传统艺术阿肯弹唱时，可以请传承人或者艺人来学校现场为学生表演，这样的教学效果或许会更好。"走出去"则是指教育行政部门和教研部门可加强对在岗教师的培训，一是对教师进行乡土理论培训，让教师逐步掌握乡土课程在实施时，与国家统编课程所不同的课程目标、课程内容、课程实施和课程评价等基本理论，为乡土教材开发与实施提供理论依据，还可以利用假期，给他们提供实地考察的机会，这将对保障乡土教材的顺利实施起到有力的推动作用。

乡土教育实施的主体是教师，应特别注重对当地学校教师的培训，提高教师的专业水平。在少数民族地区，应为教师提供语言适宜、文化适应的培训教材，积极探索适合民族地区教师的培训模式。特别要注意的是，坚持民间事民间办的原则，地方教育部门只作引导，提供参考。

二十五 在少数民族地区编写乡土教材时要遵循怎样的理念?

民族地区在民族传统文化校本课程建设方面取得了一定的成效,但总体而言,由于长期得不到重视,资金不足,教学条件差,专业人才奇缺,加之人口较少,民族传统文化各异,适合教学的教材相对缺乏。针对这一现状,在少数民族地区编写乡土教材时,应注意以下几点。

其一,在政策层面上,各少数民族地区的地方教育行政部门应结合当地实际情况,制定相应的《民族文化课程纲要》或《民族文化课程实施细则》,保障民族文化课程在学校课程体系中的法律地位。在此基础上,当地教育行政部门应有完善的监督、管理措施,保障民族地区的乡土文化课程得以落实。

其二,在资源方面,相关部门特别是教育主管部门和学校要整合资源,组织各级文化传承人、民族文化专家学者、民间艺人和民族文化课授课教师等相关权威人士,开发、编写、出版人口较少的民族传统文化校本课程和教材。在课程开发中,要广泛汲取民族文化学专家的研究成果,也可以吸收民族文化学专家直接参与到课程开发工作中来。

其三,在教学内容上,各地教育部门要根据实际情况,结合国家基础教育课程体系,科学设计民族文化课教学方式,合理安排教学内容。在教学组织上,突破随意性,保证学校文化课程开设的科学性与内容的多样性,形成常规的制度化教学活动;在教学方式上,注重多样性、灵活性,既采用课堂教学、体育课教学,也要组织参观、手工制作、节日活动、实地调查等教学形式。此外,还可以组织各种民族文化进校园活动。通过多种形式的教与学,确保人口较少的民族地区学校在实现多元文化教育目标的同时,实现学校教育的民族文化传承功能。

其四,在师资队伍上,要加强教师的理论和实践技能,建设适应民族文化课教学的教师队伍。应采取多种形式、多渠道培训师资,如组织民族文化课授课教师参加民族文化课程培训班,邀请各级文化传承人以及民族文化领域的专家学者为其授课;从人口较少的民族大学毕业生中招录民族文化课教师;民族高等院校重点选择人口较少的民族学生作为培养对象,为人口较少的民族地区培养"下得去、用得上、留得住"的师资队伍;邀请和吸收国家级、省市级文化传承人等民间艺人进入民族文化课程的讲授者行列等。

二十六　同学们就生活在乡土之中为什么还要学习乡土教材？

乡土教材本来就是乡土文化的重要组成部分。与以往不同的是，此前学生们是通过参与当地的社会实践，来直接感受当地文化，而有了乡土教材之后，孩子们更多的是通过教学来间接感受当地文化。

其实，对于当地文化的感受，最好、最直接的方式就是直接深入生活，从生活中感受当地传统的脉动。但这种传统的感受会有它的问题。这些问题包括：

（一）我们强调乡土教材的编写，是因为在外来文化的迅猛冲击下，本地传统已经受到颠覆，有些甚至已经变得面目全非。在这个时候，作为当地教育主管部门，就应该挺身而出，并担任起传承本地优秀传统的神圣使命。而最简单的做法，就是将乡土教育纳入主流教育。

（二）强调乡土教材的编写还有一个重要原因，就是孩子们通过生活所感受到的乡土文化虽然真实，但并不系统，这就需要有人对本地的传统进行认真梳理，让孩子们更深入地了解到本土文化的博大精深。

（三）强调乡土教材的编写还因为同学们在现实生活中所

能感受到的更多的是当下,而对于本乡本土的历史,如果无人点拨,是很难感受到的。而乡土教材历史部分的加入,便很好地解决了这个问题。从这个角度来说,乡土教材的编写对于孩子们系统掌握本地历史与文化传统来说,还是很有意义的。

五、内容篇

一 乡土教材为什么要加入当地重要历史事件方面的内容?

要想让学生们了解自己的乡土文化，首先就应该让同学们了解自己家乡的历史。只有这样，同学们才会从历史的介绍中知道"我是谁""我从哪里来""我到哪里去"，才能知道自己的优势在何处、短板在何方。

一个地方的历史，是由一个个历史事件连缀而成的。而其中最重要的历史事件，就是那些在当时为推动社会发展、经济繁荣、文化进步，起到过重要作用的历史事件。在乡土教材的编写过程中，要集中精力，对这些影响本地的最重要的历史事件给予更加全面的介绍。以北京为例，北京历史悠久，文化传统源远流长，曾为六朝古都。对这样一座历史悠久的文化名城作粗线条的介绍，至少以下几个最重要的历史事件应该有所涉猎：召公封燕、燕国迁都、秦军破蓟、安史之乱、宋辽高梁河之战、金海陵王迁都燕京、元建大都、徐达夺城、明成祖迁都北京、于谦保卫北京城、李自成攻占北京、清朝定都北京、英法联军占领北京、新中国定都北京等。如果文字有限，也可从其中选出最重要的加以介绍。

二 乡土教材为什么要加入当地重要历史人物方面的内容？

历史是人创造的，所以，在编写乡土教材时，就不能不提到在当时产生过重要影响的历史人物。在他们中，有的是为当地建设做出过重要贡献的历史人物，如宁波县令王元玮，有的是重大历史事件的重要参与者，如广东新会的梁启超，有的是在文化、政治、经济、文学、艺术等各领域发挥过重要作用的历史人物，如主持过《永乐大典》的江西吉水人解缙，都应作为当地重要历史人物来介绍。

俗话说："时势造英雄。"任何一个地区在社会发展的过程中，都会诞生出一批风流人物。他们或是民族英雄，或是科技精英，或是社会名流，或是文化名人，或是民间艺人，或是著名拳师。只要他们为当时的社会发展做出过巨大贡献，都可进入我们的乡土教材，让同学们在了解祖辈光辉事迹的过程中，感悟出做人的道理，进而树立起正确的世界观、人生观和价值观。

比如说，湖南在编写乡土教材时，耒阳的蔡伦是绝对不应漏掉的。因为早在东汉，蔡伦就发明了造纸术。这一发明不仅为文字找到了更为便捷的载体，促进了中华文明的传播，同时还影响了整个世界。作为中国古代四大发明之一造纸术的发明者，蔡伦不仅是湖南的骄傲，同时也是整个中华民族的骄傲。当然，作为湖南历史人物的一分子，著名革命家毛泽东、刘少奇、胡耀邦等，也都应该纳入我们的乡土教材，让孩子们知道湖南人在中国近现代史及当代史上做出的巨大贡献。

江西在编写乡土教材时，吉水县的解缙也应作为典型加以介绍。解缙是明代著名才子。他才思敏捷，19岁中进士，永乐元年（1403）任翰林学士，并主持纂修了《永乐大典》。《永乐大典》不仅是我国历史上内容最丰富的一部百科全书，同时也是迄今为止，世界上最大的一部百科全书。

河北在编写乡土教材时，献县的纪昀万万不能缺少。纪昀又名纪晓岚，是清代著名的政治家、文学家。他一生学宗汉儒，博览群书，工于诗歌骈文，长于考证训诂，曾参与并领导了多部重要典籍的编修，其中最有名的就是他任总编纂的《四库全书》。可以说，纪昀是书写中国文化史绕不开的人物，应该成为河北宣传地方文化的一张响当当的金名片。

需要特别说明的是，这些入选乡土教材的历史人物，由于都是与同学们生活在同一片土地上的"老乡"，所以，通过学习不但可以让同学们学到做人的道理，同时也会因同乡的关系而收获满满的自豪感。这些来自本土的精神上的收获，远比课本上的空洞说教更有说服力，更贴近实际，也更深入人心。

三 乡土教材为什么要加入当地的地理环境与自然资源方面的内容？

所谓"地理环境"，就是我们所说的"地形地貌"，是指地球表面所呈现出来的各种各样的地标形态的总称。

地形地貌是多种多样的，形成的原因也是多种多样的。其中，内在的地质作用决定了地表的起伏，而外在流水、风力、阳光、大气和生物所带来的风化、剥蚀、搬运、堆积等，又会给地壳表层带来各种各样的影响，于是，地标便出现了平原、山川、丘陵、河谷等等。

在乡土教材的编写过程中，我们之所以反复强调对于当地地形地貌的介绍，原因是它会对当地的生产生活产生重要影响。如山西长治的荫城古镇之所以历代均以冶铁为生，是因为这里在盛产铁矿的同时，还盛产炼铁用的煤炭，同时交通也很方便，而"夏无酷暑，冬无严寒"的地处小盆地的边缘恒温气候，又为人们的安居乐业提供了自然条件。

在介绍当地的地理环境与自然资源时，一要准确说出当地地理环境的基本特征，二要准确说出当地的自然资源，并从以上两方面入手，准确分析出生活在当地的百姓生产与生活的基本特点。

四 乡土教材为什么要加入当地重要文物古迹方面的内容？

文物古迹是指留存在社会或是被埋藏于地下、具有百年以上历史的文物和遗迹。由于它们都是在历史上产生的，所以不管是可移动的文物，还是不可移动的古迹，都具有重要的历史认识价值，都是历史的重要见证。将本乡本土的文物古迹纳入乡土教材，不仅可以让更多的同学们通过文物古迹了解本地历史，同时还可以通过这些文物古迹了解到更多的祖先故事，从而激发起同学们爱国爱家的热情。

比如，在甘肃的乡土教材中，需要重点介绍的当然是敦煌。敦煌莫高窟是世界上现存规模最大、内容最丰富的佛教艺术圣地。莫高窟壁画和藏经洞文献记载了许多古老民族在敦煌留下的光辉足迹，特别是数量丰富的回鹘与西夏供养人画像和佛教绘画以及众多的民族文字、题记，为已经消逝了的沙州回鹘和西夏王国文明提供了重要的实物见证。生活在甘肃的孩子们，当然应该从自编的乡土教材中，了解地处丝绸之路上的、河西走廊上的家乡对中华文明乃至世界文明所做出的杰出贡献。

在西安的乡土教材中，兵马俑应该成为我们介绍的重点。

早在 1987 年，秦始皇陵及兵马俑坑就被联合国教科文组织列入《世界遗产名录》。这个被誉为"世界第八大奇迹"兵马俑坑，不仅是我国古代雕塑艺术的宝库，也是秦代写实艺术的真实写照。兵马俑坑充分地展现出秦帝国强大的军事实力，很容易让同学们从中感受到来自祖先的荣光。

五　乡土教材为什么要加入乡土民俗方面的内容？

所谓"民俗"，是指在历史上产生并流传于民间的各种传统民俗事项。我国历史悠久，民族众多，丰富多彩的民俗文化，是中国传统文化最具生命力的一支。在乡土教材编写过程中，当地民俗，特别是当地的良风良俗，应该成为我们介绍的主要对象。这是因为：

（一）通过对传统民俗的介绍，可以培养孩子们爱祖国、爱家乡的情怀，让孩子们知道家乡的可爱。譬如通过汉族地区端午节的赛龙舟、正月十五的吃汤圆、蒙古族那达慕大会上的赛马、哈萨克节日中的"叼羊"，让同学们感受到各族人民积极进取、热情友善的品质，和对美好生活的热情追求。

（二）通过对传统民俗的介绍，可以使孩子们学会做人的规矩，懂得做人的道理。例如，在我国各民族的传统民俗中，都有尊老爱幼、热情好客、乐于助人、大公无私的传统美德。如朝鲜族会在每年的正月十五举办"老人节"，节日中大家聚在一起为老人祝福；游牧民族哈萨克人如遇路人，一定会手捧酸奶将客人迎入家中；而到了山林里的鄂伦春，不管到了谁家，也不管家中是否有人，客人都可以在这里解决自己的吃喝。将这些朴实无华但又都充满人情味儿的传统民俗写入乡土教材，就可以让同学们更加深入而直观地了解到自己的乡土文化，并让这些美德世代传承。

（三）通过对传统民俗的介绍，还可以培养孩子们独具中国特色的审美意识。民俗是在漫长的社会发展过程中逐渐形成的。因为它产生并流传于民间，所以具有强烈的民间性，而由此产生的美也就具有了明显的中国风格与中国气派。它所反映的不是某个人的审美，而是整个民族、整个地域，乃至整个国家的审美。让同学们了解自己的传统，他们就会在这个过程中逐渐学习、借鉴吸收这些带有独特风格与独特气派的中国传统，中华文明也就会在这个过程中得到继承。

总之，在乡土教材中编入民俗方面的内容，不但可以帮助同学们认识祖先的审美、学习祖先的审美，从而激发起同学们对本土民俗的热爱之情。

六　乡土教材为什么要加入民间文学方面的内容？

所谓"民间文学",是指产生并流传于民间的口头文学作品。

从内容看,由于民间文学产生并流传于民间,所以,民间文学在内容上具有强烈的人民性。它所代表的是劳动人民最基本的世界观、人生观、价值观,反映的是劳动人民勤劳、朴实、勇敢、智慧、善良和正直的品格。所以,民间文学的入选对于学生们正确的世界观、人生观、价值观的养成是十分重要的。

从形式看,民间文学的体裁相当丰富。它既有以散文体形式出现的传说、故事、神话、寓言、笑话,也有以韵文体形式出现的儿歌、童谣、情歌、仪式歌。我们在选篇时,既要考虑到所选民间文学在内容、题材上的代表性,也要考虑到所选民间文学在形式、体裁上的代表性。譬如,如果让我们选择一则与泰山有关的民间文学作品,选择的结果很可能是《泰山的传说》。因为在泰山周边不但反映泰山主题的民间文学最著名,民间传说这种独特的体裁在当地也是最流行、最常见的。

七　乡土教材为什么要加入传统表演艺术方面的内容？

所谓"传统表演艺术"，是指在历史上创作，并以活态形式传承至今的各种表演艺术形式，譬如戏曲、曲艺、山歌、舞蹈、杂技等等。人类最美的歌声、最美的对白、最美的舞姿、最美的舞台艺术都集中在这里，不把这么优秀的遗产告诉给同学们，岂不可惜？

俗话说："一方水土养一方人。"由于自然环境与人文环境的不同，各地的传统表演艺术也不尽相同。譬如陕西最著名者有陕北说书，河南最著名者有河南坠子，北京最著名的有北京琴书，山东最著名的有山东快书，河北最著名者有河北梆子等等。我们在这里强调的是想向学生们介绍更多的各地传统表演艺术，而不是刚刚创作出来的当代艺术，这又是为什么呢？

（一）传统表演艺术是最能代表当地乡土文化的表演艺术。这些土生土长的传统表演艺术，集中地体现了各地传统表演艺术的独特性，是各地典型的地域标志性文化。所以，它应该成为以乡土教育为己任的乡土教材的编写重点。

（二）传统表演艺术饱含着中国人的世界观、人生观和价值观，充满着满满的正能量，是我们教育孩子们的重要手段。

（三）传统表演艺术也是我们了解本民族历史的重要手段。在传统表演艺术中，历史戏占有相当的份额。孩子们可以通过这些传统表演艺术来了解本国的历史和文化。

（四）传统表演艺术也是传统地方音乐、唱词以及各种极具地方特色的肢体语言的重要载体。通过传统表演艺术，可以使我国最重要的传统艺术表现形式在孩子们中得到更好的弘扬。

介绍当地的传统表演艺术，至少要涉及以下内容：历史上，这些传统表演艺术到底是什么时候产生或是什么时候传入的？它的源头在哪里？著名的艺人是谁？最著名的剧目有哪些？这些传统表演艺术的最大特色是什么？它们在构建和谐社会、维系社会秩序、传承传统文化、弘扬民族精神、宣传传统道德以及在推动社会发展的过程中，到底发挥过怎样的作用？以上内容都需要我们在编撰乡土教材时有所交代。

八 乡土教材为什么要加入传统工艺美术方面的内容？

所谓"传统工艺美术"，是指人类在历史上创造，并以活态形式传承至今的、既具有审美价值又具有实用价值的传统手工技艺。传统工艺美术大致涵盖了传统绘画技艺、书法艺术、传统镂刻技艺、传统织造技艺、传统刺绣工艺、传统印染工艺、传统彩扎工艺、传统雕刻工艺、传统陶瓷制作技艺、传统金属加工工艺、传统髹漆技艺，以及传统造纸工艺等等。

中国工艺美术历史悠久。早在原始社会，人们就发现在同一聚落中，有的人手艺非常好，于是，人们便让这些人从繁重的重体力劳动中解放出来，让他们静下心来，专门从事某种手工技艺的生产，于是，最早的艺人、最早的专业作坊就这样产生了。随着社会的发展，这些艺人的分工越来越细，手艺也越来越专，到了唐宋时期，行业出现了。到了明清时期，这些行业得到了迅猛的发展，并有了相关的行业组织、行业神信仰以及行规等等。

由于自然环境的不同、物产的不同、文化传统的不同，各地传统工艺美术也呈现出明显的不同。如浙江东阳、温州以及云南剑川均以木雕见长，而福建泉州、河北曲阳则以石雕见长。相反，江苏的苏州、四川的成都、广东的潮州、湖南的长沙则以刺绣见长。各地在编写各自的乡土教材的时候，一定要先弄明白当地的手工传统是什么，都有哪些，然后，对当地的传统工艺美术进行概括性的介绍。介绍的内容包括：这门手艺最早是什么时候产生的，它的源头在何处，产生这种手艺的原因是什么，目前主要分布在哪些乡镇，著名的手艺人是谁，它们的代表性产品有哪些，这些传统工艺美术的最大特点是什么等等。

九 乡土教材为什么要加入传统工艺技术方面的内容？

传统工艺技术包括传统生产知识与传统生活知识两部分。传统生产知识主要指与农、林、牧、副、渔有关的各种生产知识与技能，而传统生活知识则是指与衣食住行等生活知识有关的知识与技能。

在编写传统生产知识这部分内容时，我们不能简单地概括本地的物产是什么，而是要在这个基础上，重点介绍这里最优秀的传统农耕经验到底是什么——如黄土高原用淤泥坝拦泥造田技术、南方水稻田养鱼养鸭技术、江苏兴化利用沼泽建造垛田的土地利用技术等等。应该说，没有点儿技术含量是不能进入我们的乡土教材的。当然对于农、林、牧、副、渔而言，是否保留有优良品种也是十分重要的——如江苏万年保留下了万年贡米，湖南花垣保留下了子腊贡米，新疆麦盖提保留下了刀郎羊。我们在编写乡土教材时，需要认真调查的是，我们这个地方到底保留下了什么优秀品种。当然，传统生产知识是一门十分专业的学问，需要一定的农业文化遗产学方面的知识。

在传统生活知识方面，我们同样看重所选项目的科技含量。譬如北京保留有同仁堂中药炮制技术,贵州茅台保留有茅台酒酿制技术,安徽泾县保留有宣纸制作技术,成都郫县保留有郫县豆瓣酱制作技术,那么,在编写组所在地是否也保留有某种与衣食住行等生活知识有关的技术呢?这一点,只要你翻阅一下本县的非遗名录,基本就清楚了。总之,在乡土教材的编写过程中,要重点挖掘那些极具地方特色的传统生活知识,让同学们通过学习,感受到祖先们的生活智慧。人生经验告诉我们,只有敬畏祖先,才能更好地继承传统,并在继承传统的基础上创造出更伟大的文明。

十 乡土教材为什么要加入传统祭祀与庙会方面的内容？

一说到传统祭祀活动或庙会，就会有人担心这是不是封建迷信。其实，这种担心大可不必。中国人讲究祭祖，是因为我们的祖先跨过千山万水、披荆斩棘来到这里，给我们开了田、建了村、盖了房、修了路，养育了一代又一代的子孙，作为祖先们的子孙后代，难道我们不应该感谢他们？历史上，我们有那么多的民族英雄，为了保护一城的百姓，最后战死沙场，难道我们不应该祭祀他们？《论语》说："慎终追远，民德归厚矣。"意思是说，只有我们不忘祖先、追念先人，这个地方的民风才谈得上敦厚淳朴。我们祭祀祖先，一方面是感恩祖先生我养我的大恩大德，另一方面，也是让子孙后代在感念祖先的同时，也从祖先那里学到做人的道理——学会善良、学会感恩、学会勇敢、学会诚信，学会在关键时刻如何扶危济困、如何救民于水火。我们只有礼敬祖先，才会永不忘本，才会做一个正直善良的人。

在乡土教材的编写过程中，我们要重点挖掘以下信息：我们县域最重要的祭祀活动是什么，最知名的庙会又是什么。在介绍本地祭祀仪式或庙会的过程中，我们要重点介绍这些庙会的起源时间、祭祀对象、祭祀原因，以及这些传统祭祀活动或庙会的社会价值。

有人担心这是迷信，答案同样是否定的。在我们看来，无论是祭祀仪式，还是庙会，里面都充满着满满的正能量，这一点无须置疑。我们去关公庙会，因为关公仗义，讲诚信；去包公庙会，因为包公公平，讲法制；去岳飞庙会，因为岳飞爱国。这都是社会主义核心价值观的基本内容，为什么我们就不能通过祭祀仪式或庙会，去弘扬社会主义核心价值观呢？至于庙会活动中的烧香拜佛，那只是一种对先人的感恩方式，与迷信没有任何关系。从本质看，这些活动不是"迷信"，而是"俗信"。这些"俗信"不但不会影响社会发展，反过来还会教人向善、教人感恩，并通过这种方式促进社会的进步。

十一 乡土教材为什么要加入传统节日方面的内容?

在乡土教材编写的过程中,传统节日必不可少。这是因为一年虽然有365天,但在传承一个民族物质文明与精神文明的过程中,并不是每一天都同等的重要。在这365天中,总有那么几天,起着特殊的作用,而这几天就是我们所说的传统节日。事实已经证明,只要保护好传统节日,一个民族最好吃的美食制作技艺就传承下来了;只要保护好传统节日,一个民族最漂亮的服饰制作技艺就传承下来了;只要保护好传统节日,一个民族最好看的表演艺术就传承下来了;只要保护好传统节日,一个民族最重要的民族精神、最优秀的传统道德就传承下来了。

在介绍传统节日时,我们的重点不是介绍节日本身,而是通过深入挖掘,找到这些传统节日背后丰富的文化内涵。譬如端午节举办的龙舟赛,最初只是为了送瘟神,后来人们将救屈原的情节融入其中,通过屈原,让我们看到中华民族的铮铮傲骨。这个故事告诉我们,只要心有民族、情系苍生,这样的英雄无论过了多久,人们都不会忘记。

在少数民族地区,传统节日背后所蕴含的文化内涵更是丰富。如每年农历六月二十四日彝族"火把节",纪念的就是一位聪明坚贞、为抗暴而死的女英雄,火把节的背后所蕴藏的是彝族人民祛除邪恶、追求幸福的美好愿望。同样,其他少数民族的传统节日——如瑶族的"达努节"、苗族的"芦笙节"、白族的"三月街"也都有着精彩的故事,值得我们认真挖掘。需要特别指出的是,对于传统节日的解读主要来自两个方面:一是当地百姓的解读,反映的是当地百姓对于这些传统节日的理解;二是学者解读,反映的是学者对这些传统节日的看法。但无论哪一种,都应该有根有据,不能凭借着自己的理解而胡编乱造。